社会保障再考
〈地域〉で支える

菊池馨実
Yoshimi Kikuchi

Eurus
Notus
Boreas
Zephyrus

岩波新
1796

はじめに

社会保障の持続可能性

最近、日本では、社会保障の持続可能性ということが語られることが多くなりました。持続可能性(sustainability)という言葉は、従来、主として環境保護との関連で論じられてきました。「環境と開発に関する世界委員会(WCED)」が一九八七年に公表した報告書 Our Common Future では、「将来の世代の欲求を満たしつつ、現在の世代の欲求も満足させるような開発」に焦点があてられ、その後も、資源の有限性を前提にしたうえでの持続可能な開発という観点から、国際的な枠組みでの取り組みが進められています。

これに対して、社会保障における持続可能性は、一般的には、国家財政の厳しい制約のもとで、社会保障費の自然増を抑制する必要性という文脈のなかで、あるいは、超少子高齢社会、人口減少社会を迎えた二一世紀日本社会における人口政策上の対応の必要性という関心のもとで、語られることが多いように思われます。ヨーロッパ各国では、社会保障財源としての環境税など、環境と福祉を統合した施策により、持続可能な発展を図るという方向性がみられるのに対し、こうした発想は、日本ではまだ定着しているとは言いがたい状況です。

この本がめざすもの

この本は、持続可能性という概念をひとつの切り口として、日本の社会保障制度のあり方を、さまざまな角度から再考することを目的としています。その際、社会保障制度の今後のあるべき方向性が、私がこれまでの研究で取り組んできた法理論に適合したものであるとともに、社会保障制度のこれまでの歴史的な展開過程の延長線上に位置づけられる必然的なものであること、さらに日本の社会保障制度それ自体が、これまで等閑視《とうかんし》されてきた「相談支援」を正面から組み込むかたちで新たな局面にあることを、それぞれ明らかにしていきます。

こうした作業を進めるにあたって、私が強調したいのは、社会保障制度を支えるひとつの基盤として、〈地域〉が重要な位置を占めていること、そして〈地域〉での支え合いの基盤を、〈地域〉を新たなかたちにするなかで再構築していくことが、日本の社会保障の再生を図っていくうえで重要なカギとなるのではないかということです。

そこで全国各地での実践を踏まえて、〈地域〉で支えるとはどういうことかを考えていきたいと思います。

社会保障法という法分野

私の専門は、法律学のなかでも、社会保障を対象領域とする社会保障法学という分野です。社会保障を分析対象とする学問としては、法律学のほかにも、経済学、財政学、政治学、社会学などさまざまなアプローチがあります。これまで私は、研究書を通じて学界に対して、そして教科書や体系書を通じて専門家や学生に対して、社会保障法をめぐる議論を展開してきました。

この本では、間口をさらに広げて、一般の読者の方々を対象に、先に挙げたこの本のねらいを踏まえて、社会保障法を中心とした法学的なアプローチの一端を紹介することにもチャレンジしていきたいと考えています。

また、持続可能性という概念を切り口として、社会保障がかかえる財政的な基盤についても言及していきます。ただし、私の専門との兼ね合いでいえば、将来の社会保障制度の維持のために必要な財源についての定量的な経済分析などをおこなうことを目的とするものではありません。社会保障制度それ自体を支える社会や市民・住民意識のあり方、社会保障制度の安定的な基盤となり得る理念の提示といったことに重きをおいた本であることを、あらかじめおことわりしておきます。

それでは早速、日本の社会保障を再考し、その再構築に向けた処方箋を示すこの本のプロジェクトを開始しましょう。

目　次

第1章

持続がむずかしい社会保障

この章では、社会保障を再考するにあたり、最近、よく取り上げられ、カギとなる概念のひとつである持続可能性に着目し、それを支える四つの側面について整理した後、とくにその社会的な側面に焦点をあて、家族、企業、地域と社会保障制度との関連について、順次検討していくことにします。

1　財政と人口

高齢化のなかで

社会保障の持続可能性は、第一に、その財政的な基盤との関連で問題とされてきました。社会保障というイメージで多くの人びとが思い浮かべるのは、年金であったり、医療であったり、介護であったりするでしょう。このように、社会保障制度は、一般には金銭やサービスの給付の仕組みとしてとらえられています。

ただし、給付をおこなうためには、財源が確保される必要があります。世界的にも未曽有の高齢化の進展に伴い、日本の年金、医療、介護などにかかる社会保障費用は、年々増加の一途をたどっています(次ページ図１)。

また生産活動に従事し、社会に富をもたらす現役世代と、引退して年金を受給する高齢者世代のバランスが、今後さらに変化していくことが見込まれるなかで(図２)、将来にわたる給付と負担の均衡を図っていかなければなりません。

新たに法律をつくる

こうした意味での持続可能性は、法律上も、「受益と負担の均衡がとれた持続可能な社会保障制度の確立を図る」ことを法目的として定めた二〇一二年「社会保障制度改革推進法」(同一条)や、法律の題名にその文言が用いられている二〇一三年「持続可能な社会保障制度の確立を図るための改革の推進に関する法律」として、すでに法制化されてきました。これらの法律は、何か特定の社会保障給付の根拠となるものではなく、当面の社会保障制度改革のいわば「工程表」を定めたものでした。

同じく持続可能性という文言を用いて、公的年金制度改革をおこなった立法が、二〇一六年に制定された「公的年金制度の持続可能性の向上を図るための国民年金法等の一部を改正する

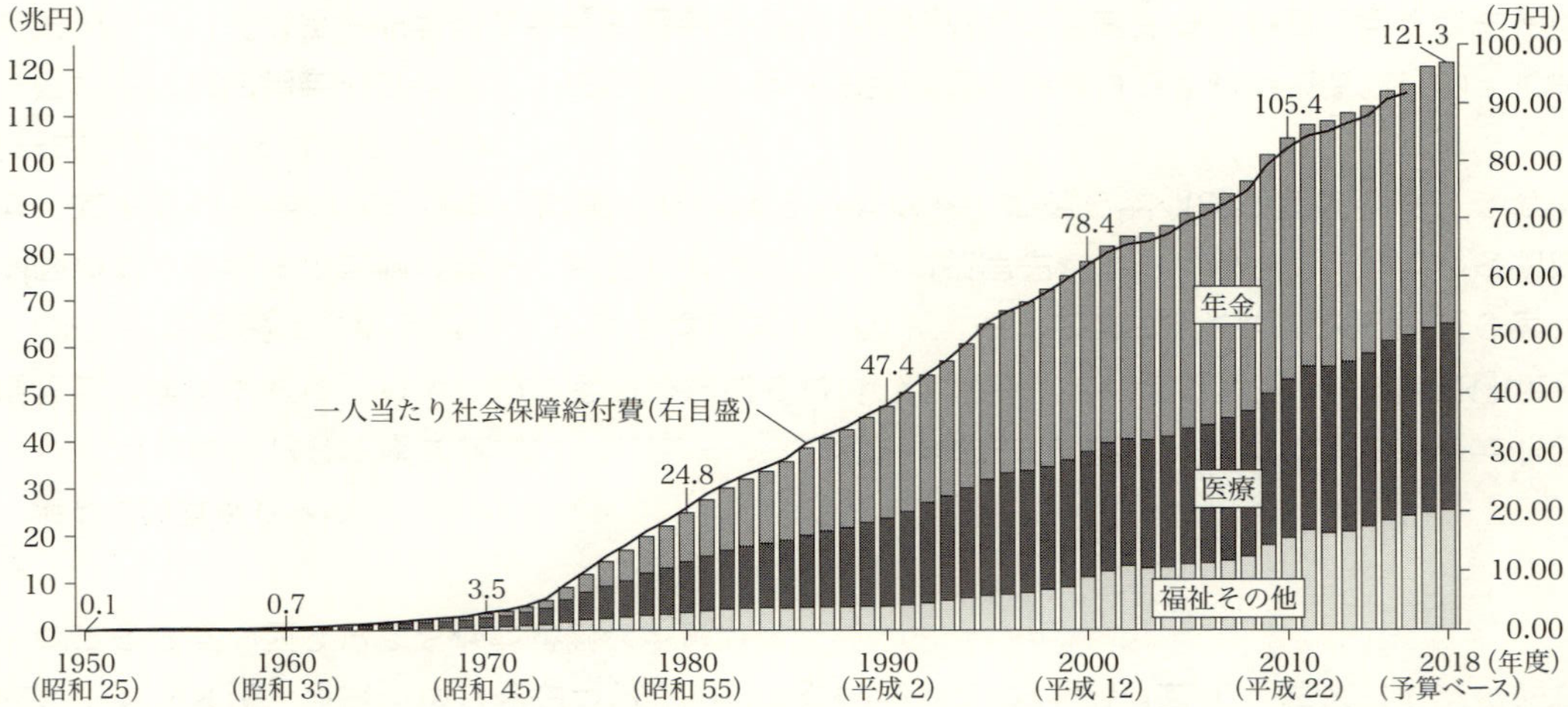

資料:国立社会保障・人口問題研究所「平成 28 年度社会保障費用統計」, 2017 年度, 2018 年度(予算ベース)は厚生労働省推計, 2018 年度の国民所得額は「平成 30 年度の経済見通しと経済財政運営の基本的態度(平成 30 年 1 月 22 日閣議決定)」

注:図中の数値は, 1950, 1960, 1970, 1980, 1990, 2000 および 2010 ならびに 2018 年度(予算ベース)の社会保障給付費(兆円)である

出典:厚生労働省資料

図 1　社会保障給付費の推移

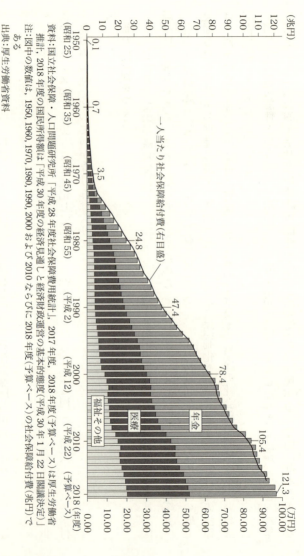

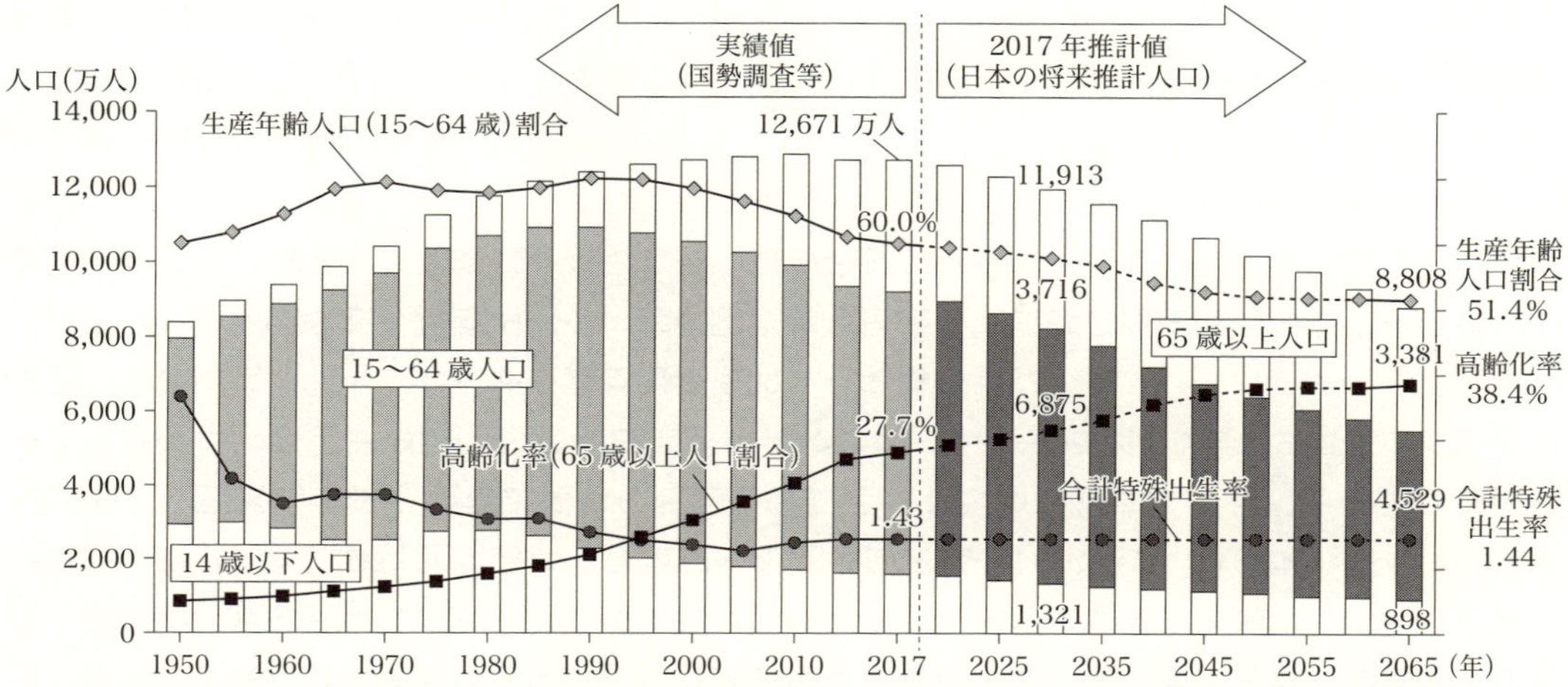

資料:2017年までの人口は総務省「人口推計」(各年10月1日現在)，高齢化率および生産年齢人口割合は2015年までは総務省「国勢調査」，2017年は総務省「人口推計」，2017年までの合計特殊出生率は厚生労働省「人口動態統計」，2018年以降は国立社会保障・人口問題研究所「日本の将来推計人口(平成29年推計)：出生中位・死亡中位推計」
出典:厚生労働省資料

図2　日本の人口の推移

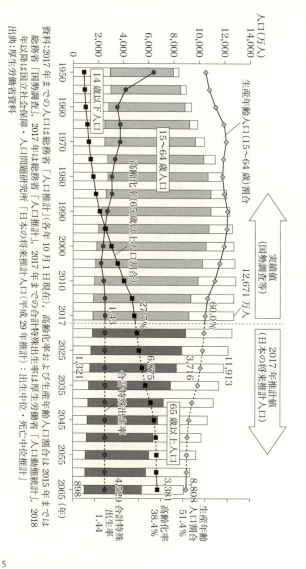

法律」です。法律案要綱によれば、改正の趣旨として、「公的年金制度について、制度の持続可能性を高め、将来の世代の給付水準の確保等を図るため、持続可能な社会保障制度の確立を図るための改革の推進に関する法律に基づく社会経済情勢の変化に対応した保障機能の強化、より安全で効率的な年金積立金の管理及び運用のための年金積立金管理運用独立行政法人の組織等の見直し等の所要の措置を講ずるものとすること」が掲げられています。

この法律により、短時間労働者への被用者保険の適用拡大（この点は、この章の2で詳しく取り上げます）、国民年金第一号被保険者の産前産後期間における保険料の免除、年金額の改定ルールの見直し、公的年金積立金の運用機関であるＧＰＩＦ（年金積立金管理運用独立行政法人）の組織などの見直し、といった年金制度改革がおこなわれました。

このように、社会保障制度を支える財政的基盤の確保が、焦眉《しょうび》の政策課題となっていることを、最近の立法動向から容易にうかがい知ることができます。

結婚、子育てから人口を考える

社会保障の持続可能性が問題となるのは、第二に、その人口的な基盤との関連です。自由民主党一億総活躍推進本部「一億総活躍社会の構築に向けた提言」（二〇一七年五月一〇日）においいて、「今後、就業者数の総人口に対する割合が下がっていくことが見込まれるなかで、まずは、希望出生率一・八の目標は必ず実現する必要がある」とされたことに象徴されるように、人口減少社会が進展する状況下にあって、近年、一・四程度にとどまっている出生率をいかにして回復させるかに、政策の焦点があてられています。

高齢化の指標として一般に用いられる高齢化率は、六五歳以上人口が全人口に占める割合を指すのに対して、少子化の指標として用いられる合計特殊出生率は、一生のあいだに一人の女性が産む子どもの数であり、人口学的には、人口規模を維持するために二・〇七程度が必要とされています。いうまでもなく、近年、日本の出生率は、人口を維持するには遠く及ばない低い水準にとどまっています。

国家による推奨にならないように

出生率の引き上げをめざした、先の提言のような言説は、自由権（精神的自由、経済的自由、人身の自由）に象徴される憲法上保障された基本的人権を、国家の介入に対する国民の側の防御手段ととらえる法律家的な考え方からすると、特定の「善き生」（ここでは子どもを産み育てること）の国家による推奨や誘導にならないよう、十分警戒する必要があります。

ただし、結婚や出産を希望しながら、社会的または経済的な理由によって妨げられている人が相当数いるとすれば、そうした障壁を除去するための国による政策展開を、無碍《むげ》に否定すべきものでもないように思われます。「ひと・まち・しごと創生法」二条三号が、この法律の基本理念として、「結婚や出産は個人の決定に基づくものであることを基本としつつ、結婚、出産又は育児についての希望を持つことができる社会が形成されるよう環境の整備を図ること」を挙げているのも、結婚や出産という特定の生き方を推奨することに対する、国の慎重な姿勢が示されているとはいえるでしょう。

より本質的な持続可能性の基盤

これらの二点に加えて、私は、以下に挙げる二つの側面が、持続可能な社会保障の構築にあたって、より本質的な問題であると考えています。この本では、この二側面について、より掘り下げて検討していくことになります。

そのひとつが、社会保障と密接に関連する社会的な基盤、なかでも家族、企業、地域の三つの要素がいずれも脆弱化《ぜいじゃくか》しつつあることと、そのことを踏まえた政策面での対応の必要性についての検討です。この点については、すぐ後の2で扱うことにします。

もうひとつが、社会保障を支える市民的な基盤が脆弱化していることと、そのことを踏まえた理論的な対応、そして政策的な対応の必要性についての検討です。この点は、社会保障を支える基盤となる市民・住民意識の希薄化と脆弱化という側面と、こうした市民・住民意識の下支えとなり得る新たな社会保障の理念的な基盤の提示にかかわる側面とにわけることが可能です。この本でも、この二つの側面につき、それぞれ第４章および第２章で扱うことにします。

2　家族、企業、地域が変わっていく

社会保障の法的な定義

私の専門分野である社会保障法学では、従来、社会保障制度に登場する法主体、すなわち権利や義務の担い手となる主体として、「国家」と「個人」(あるいは「国民」)という二当事者間の関係ととらえる見方が一般的でした。

社会保障法学の通説を形成した故・荒木誠之九州大学名誉教授は、「社会保障とは、国が、生存権の主体である国民に対して、その生活を保障することを直接の目的として、社会的給付を行う法関係である」と述べています。

こうした伝統的な見方は、以下のことを前提としています。

第一に、生存権が社会保障の法的な基盤であること。

第二に、社会保障の法関係は、国と国民のあいだに成立すること。

第三に、社会保障の目的は、国民の生活保障にあること。

第四に、社会保障とは、給付をおこなう法関係であること。

ここでいう生存権は、後にも触れますが、生存に必要な諸条件の確保を、国に要求し得る権利で、日本国憲法二五条によって保障されています。

これらのうち、第一と第三の要素は、現在でもほぼ異論なく受け容れられているといってよいでしょう(ただし、私の独自の見解については第2章で詳しく述べます)。

これに対し、第二と第四の要素については、最近、問題点が指摘されています。第二との関連では、「国」と「国民」(あるいは「個人」)の二元的な把握ではなく、これらのあいだに存在するさまざまな構成組織(いわゆる「社会」)の固有の役割に着目する必要があることです。また第四との関連では、社会保障給付をおこなうための前提として拠出(負担)面からもとらえる必要があることです。

「すこやかで安心できる生活」

このうち第二の要素との関連では、以下のように考えられます。多くの国民が生活困窮にあえいでいた第二次世界大戦後の混乱期であれば、「健康で文化的な最低限度の生活」を国民の権利として保障する憲法二五条あるいは生存権の理念のもとで、社会保障を国から国民に対する生活保障のための法関係としてとらえる見方が強調されたのも、ある意味で当然であったといえます。しかし、その後の戦後復興、高度経済成長などを経て、相当程度豊かになった現代の国民生活を前提とした場合、最低限度を相当程度上回るレベルでの生活保障を、国が直接かつ全面的に担うことは、もはや可能でも適切でもない状況に立ち至ったということができます。

すなわち、戦後、社会保障制度について、調査、審議および勧告をおこなうことを目的として内閣総理大臣のもとに設置された社会保障制度審議会は、その下におかれた社会保障将来像委員会の第一次報告(一九九三年)において、社会保障を「国民の生活の安定が損なわれた場合に、国民にすこやかで安心できる生活を保障することを目的として、公的責任で生活を支える給付を行うもの」と定義しました。しかし、ここでいう「すこやかで安心できる生活」の保障を、国が直接かつ全面的に担うことには、財政的にはもちろんのこと、国が国民の生活にどこまで関与するのが望ましいかという点からいっても、限界があるといわざるを得ないでしょう。

こうした状況のもとで、社会保障における「国」と「国民」との中間に位置づけられる「社会」を構成するさまざまな主体の重要性があらためて浮き彫りになってきました。これらの構成単位は、社会保障の前提あるいは社会保障を補完するものとして位置づけることができ、その主なものとして、家族、企業、地域の三つを挙げることができます。

以下では、この三つの要素のそれぞれにつき、少し詳しくみていくことにしましょう。

家族による扶養

社会保障には、家族による扶養の外部化(代替)という側面があります。

たとえば、公的年金には、かつて、成人した子がおこなってきた年老いた親の経済的な扶養の外部化という側面があります。また介護保険には、従来、嫁・娘・妻など主として女性が担ってきた身体的な扶養(介護)の外部化という側面があります。いわゆる待機児童問題に端を発した保育所の大幅な増設という最近の動向も、親による子どもの扶養の外部化とみることができます。

このような扶養の外部化という方向性は、家族の形態が多様化しているという大きな流れのなかでの不可逆的な変化とみることができます。したがって、将来的に、家族による扶養の回復に期待した政策を選択することは適切とはいえないように思われます。

というのも、最近、単身世帯や高齢者世帯の増加傾向が顕著にみられるからです。二〇一七年時点で、単身世帯は世帯総数の二七・〇%を占め（一九七五年には一八・二%）、高齢者世帯（六五歳以上の者のみで構成するか、またはこれに一八歳未満の未婚の者が加わった世帯）が二六・二%を占めるに至っています（一九七五年には三・三%。厚生労働省「平成三〇年版厚生労働白書」による）。

こうした傾向は、貧困や生活困窮をもたらす「老齢」「疾病」「障害」「失業」などの社会的リスク（「要保障事由」とも表現されます）が発生した際に、社会保障制度に依存する場面を増やすこととならざるを得ません。

このことは、たとえば勤め先の会社の業績悪化によりリストラされ、「失業」という事態が発生した場合、ほかに働いている同居家族がいれば、ただちに生活困窮に陥ることがないのに対して、ひとり暮らしであれば、預貯金などの蓄えを使い果たして最終的に生活保護制度に頼ることになるのを考えてみれば、容易に理解できるでしょう。

例外として、未成年の子どもに対する養育は、将来的にも家族（親）の役割として残り続けると思われるものの、このことも、子どもの養育をまったくの私的なイベントとしてとらえることを意味するものではありません。

二〇一七年に自民党から提起された「こども保険」構想や、同年一二月八日閣議決定「新しい経済政策パッケージ」で「人づくり革命」が謳《うた》われて以来の、就学前教育・保育の無償化(具体的には、二〇一九年子ども・子育て支援法改正による「子育てのための施設等利用給付」の創設)や、待機児童解消のための保育施設整備をめぐる政策に示されるように、公的支援を通じて子どもの養育環境の整備を図っていく必要性は、今後さらに高まっていくものと予想されます。

第4章1で詳しく述べるように、この本では、中間層以上の現役世代に対する社会保障による支援の強化が必要であると考えています。こうした観点からすれば、親が就労などで日中不在となる(すなわち保育が必要な)子どものための保育施設の確保にとどまらず、家庭内での育児への支援も含めた普遍的な子ども・子育て支援策が必要でしょう。こうした支援は、第2章で述べるように、自律支援(のための自立支援)を重視するこの本の立場からすれば、民主党政権のもと、二〇一〇年に創設されわずか二年間で廃止に追い込まれた子ども手当のように、子ども自身の「育ち」に着目した普遍的な家族手当(児童手当)の実施・拡大というかたちでも、前向きに検討すべきではないかと考えます。

企業による福祉

次に、企業も、日本特有の生活給体系や企業福祉制度（扶養手当、退職金・企業年金、社宅・住宅手当など）の普及を通じて、被扶養家族を含む勤労者世帯の生活保障という側面において、社会保障制度の代替的な役割を果たしてきました。こうした企業福祉の普及が、公的な社会保障制度の発展を抑制してきた面もないとはいえません。

たとえば、日本の社会保障の特徴として、家族手当や児童手当といった社会手当制度が大きく育ってこなかったことが挙げられます。その理由のひとつとして指摘されるのが、とくに大企業を中心に、扶養手当などの普及が図られてきたことです。

しかしながら、こうした企業の福祉的な役割も、グローバル経済の進展による企業競争の拡大・激化などにより、賃金体系の変更、企業福祉の変容を余儀なくされ、縮減の方向に向かわざるを得ない状況にあります。このことは、企業年金制度における確定給付型企業年金の給付水準引き下げ、確定拠出年金の拡大といった近時の動向に顕著に示されています。

ただし、このことは、従来、企業が担ってきた生活保障の役割を、すべて国家が代わって引き受けるべきことを意味するものではありません。以下に述べるように、今後は、企業と国など公的主体とのあいだでの役割分担を考える必要性があるように思われます。このことを国の側からみた場合、法令によってルール化する(労働法的規制)という面と、制度を直接導入する(社会保障法的関与)という両面からとらえることができます。

雇用保障の強化

まず、一定の場面では、雇用保障の強化という方向性が考えられるでしょう。具体的には、非正規雇用労働者が増大し、二〇一六年現在、全雇用労働者の三七・五%を占めるに至り、正規雇用との格差の拡大と固定化が進むなかにあって、不合理な格差を是正する方向での法改正が求められます。

二〇一八年通常国会で成立した「働き方改革を推進するための関係法律の整備に関する法律(働き方改革関連法)」は、パートタイム労働法をパートタイム・有期雇用労働法と改め、不合理な待遇の禁止、通常の労働者と同視すべき短時間・有期雇用労働者に対する差別的取扱いの禁止を定めるとともに(同法八条、九条)、労働者派遣法にも不合理な待遇と差別的取扱い(不利益取扱い)の禁止の規定をおくこととしました(同法三〇条の三、三〇条の四)。いわゆる同一労働同一賃金原則の理念が日本に導入されたことの意義は、決して小さくありません。

非正規雇用労働者の処遇改善の観点からは、毎年なされている地域別最低賃金の引き上げも一定の意味をもちます。働いても生活保護基準以下の賃金しか得ることができないことが問題視され、二〇〇七年最低賃金法改正では、労働者の生計費を考慮するにあたって、生活保護にかかる施策との整合性に配慮するものとするとの規定（同法九条三項）がおかれ、その後、最低賃金の水準は相当程度引き上げられました。最近の最低賃金の引き上げは、生活保護との整合性の要請を超え、労働者全体の賃金の底上げをめざしているようにみられます。

住宅手当からみる問題点

他方において、従来、企業が担ってきた生活保障の役割を国家が代替し、社会保障制度としての対応を検討すべき領域も存在するように思われます。たとえば、住宅手当の導入が挙げられます。

戦後日本の住宅政策は、持ち家取得促進に重点がおかれ、低所得層への賃貸住宅に対する援助は、公営住宅の供給など局所的なものにとどまってきました。住宅やまちづくりと社会保障制度との密接な関連づけという視点が、日本では欠落していたといえます。企業が提供してきた社宅や住宅手当が、その間隙《かんげき》を一定程度補ってきたといえるでしょう。

二〇〇八年に発生したいわゆるリーマン・ショックを契機に、ようやく住宅手当緊急特別措置事業（二〇一三年度から住宅支援給付事業）が開始され、住宅を喪失または喪失するおそれのある離職者を対象に、住宅の確保または住宅喪失の予防を目的とした住宅手当（二〇一三年度から住宅支援給付）の支給が開始されました。この事業は、二〇一五年に施行された生活困窮者自立支援法において、住居確保給付金（同法六条）として恒久化されています。

住宅政策との連携が必要ではあるものの、この制度を、生活困窮者の就職促進という限定的な現在の枠組みを超えて、より普遍的な所得制限付き住宅手当（家賃補助）として拡充していく方向性が考えられます。このことは、現役世代の低所得層にとどまらず、低年金の高齢者への対策としても有効でしょう。

こうした金銭給付による手当の支給とまでいかなくとも、住まいの確保に関する公的な支援を拡大することは、今後進むべき方向性として適切であるように思われます。この点で、二〇一七年「住宅確保要配慮者に対する賃貸住宅の供給の促進に関する法律（住宅セーフティネット法）」改正により、住宅確保要配慮者（低額所得者、被災者、高齢者、障害者、子育て世帯）への入居円滑化《えんかつか》（居住支援法人による入居相談・援助、家賃債務保証の円滑化）が図られたことは積極的に支持できます。

費用負担者としての企業

企業が担ってきた生活保障の役割を、社会保障の一部として国が担っていく方向性と関連して、費用負担者としての企業の役割については、今後、一定程度拡大することが考えられてよいのではないかと思われます。

現在、中学校修了前の児童を養育する人びとを対象に支給されている児童手当には、従来から公費のみを財源とするのではなく、事業主による拠出金が、財源の一部とされてきました。その制度の趣旨としては、児童手当制度が次代の社会を担う児童の健やかな成長に資することを通じて、将来の労働力の維持と確保につながる効果が期待されるためと説明されてきました。

この拠出金率は、二〇一六年、二〇一八年の法改正で相次いで引き上げられており(厚生年金保険料の計算の基礎となる標準報酬月額および標準賞与額の〇・四五％以内)、その対象も児童手当の支給のみならず、地域子ども・子育て支援事業に要する費用、仕事・子育て両立支援事業に要する費用、〇歳から二歳児の子どものための教育・保育給付の費用へと順次拡大されています。こうした方向性は、単に企業の社会的責任(ＣＳＲ)にとどまらず、将来的な労働力の確保という観点からも、積極的に評価されてよいのではないでしょうか。

被用者保険の適用を拡大

日本の社会保障は、保険の技術を用いた社会保険と呼ばれる仕組みを中核として発展してきました。その際、年金および医療については、被用者(雇用される者)とそれ以外の者(自営業者など)を、別建ての仕組みのもとでカバーしてきました。すなわち被用者保険(厚生年金保険、健康保険)と地域保険(国民年金、国民健康保険)との二本立ての制度構造であったということができます(公的年金に関しては、一九八五年改正前までは別建ての仕組みでしたが、この年の改正により、国民年金は二〇歳以上六〇歳未満のすべての者が加入する仕組みとなりました)。

しかし、被用者保険は、すべての「労働者」を適用対象とするものではありません。法律上は、「適用事業所に使用される者」(厚生年金保険法九条、健康保険法三条一項)が被保険者と規定されていますが、従来、所定労働時間および所定労働日数が通常労働者の四分の三に満たなければ被保険者資格を取得できない(いわゆる四分の三要件)という扱いがなされてきました。多くの非正規雇用労働者は、適用対象の外におかれてきたのです。

たしかに、世帯内に主たる生計維持者がいて、パートやアルバイトで家計を補助する立場の人(典型的にはいわゆる専業主婦)にとっては、国民年金第三号被保険者として、みずから保険料は支払わずに老齢基礎年金の受給資格を得ることができ、さらに健康保険の被扶養者として保険料を支払わずに保険診療が受けられることから、こうした取り扱いを受けることにも当人にとってはメリットがあるといえるでしょう。

しかし、近年、非正規雇用が増大しているなかで、同じ「労働者」であるにもかかわらず被用者保険の適用が受けられない、主たる生計維持者の人たちにとっては、労働条件上の不公正な取り扱いに加えて、社会保障制度上も、厚生年金保険や健康保険の適用を受けられず不利な状況におかれるため、このことが問題視されるに至りました。

この点については、ようやく二〇一二年の法改正により、所定労働時間および所定労働日数が通常労働者の四分の三未満であっても、(イ)週所定労働時間が二〇時間以上、(ロ)当該事業所に継続して一年以上雇用される見込み、(ハ)報酬月額八万八〇〇〇円以上、(ニ)学生でないこと、に加え、(ホ)労働者数五〇一人以上の事業所など、という要件を満たす人たちに対象が拡大されました。しかし、とくに(ホ)の要件が課されることで、事実上、対象者は大企業従業員に限られることとなり、適用拡大はきわめて限定的なものにとどまっています。

二〇一六年の法改正により、五〇〇人以下の事業所などにも適用拡大を可能にする措置が講じられたものの、労使の合意が必要であるなど、抜本的な拡大策とはとうてい言えない状況です。

中小・零細企業への強制適用が、企業に保険料の負担を強いることになるとしても、正規労働者との平等かつ公正な取り扱いという観点からみれば、現状の適用拡大は不十分と言わざるを得ません。原則として、週所定労働時間が二〇時間以上の短時間雇用労働者を広く被用者保険の適用対象に含める方向での、さらなる法改正が必要でしょう。

地域の脆弱化と希薄化

ここまで述べてきた家族、企業と並んで、地域ないし地域社会も、社会保障制度のうち、とりわけサービス給付の代替的な役割を果たしてきた面があります。たとえば、現在では介護保険において、訪問介護による生活援助サービスの提供がなされていますが、隣近所のお付き合いがある地域では、そうした公的サービスがなくとも、高齢者世帯のゴミ出しのお手伝いなどが自然となされていました。日中、デイサービスのワゴン車に乗って出かけなくとも、ご近所の家の縁側でお茶を飲み、おしゃべりをする光景がみられました。

しかしながら、①こうした地域での生活支え合いのための人間関係が希薄になっていること、②医療、保健、福祉、介護といった地域でのサービス提供を支える人材が不足していること、という二つの意味合いにおいて、人びとの生活の基盤ともいうべき地域社会が、脆弱化している実態を生じています。

かつて、戦後日本における社会保障と社会との関係性についての典型的な見方として、いわゆる「日本型福祉社会論」が展開されました。

一九七九年「新経済社会七カ年計画」（閣議決定）によれば、「欧米先進国へキャッチアップした我が国経済社会の今後の方向としては、先進国に範を求め続けるのではなく……、個人の自助努力と家庭や近隣・地域社会等の連帯を基礎としつつ、効率のよい政府が適正な公的福祉を重点的に保障するという自由経済社会のもつ創造的活力を原動力とした我が国独自の道を選択創出する、いわば日本型ともいうべき新しい福祉社会の実現を目指すものでなければならない」とされていました。

しかし、こうした見解に対しては、当時、社会保障の推進・充実を図る立場からは、公的福祉を効率化し、企業活力を重視し、家族と地域の連帯による相互扶助に依拠するものであったと、どちらかといえば消極的な評価がなされました。

高齢者介護などの場面において、家族の機能に多くを依存する方向での政策展開は望ましいとは言えず、もはや可能でもないことは、先に示唆《しさ》したとおりです。公的責任の縮減（による公費節減）を意図した「日本型福祉社会論」の再来にならないよう十分警戒しながらも、この本で後に詳しく述べるように、制度の見直しによって地域の新たな再生を図ることを通じて、社会保障の持続可能性を支える市民的な基盤の再構築を考えていきたいと思います。

第2章

何のための社会保障か

この章では、社会保障の持続可能性を図っていくうえで重要な市民的基盤に着目します。そして、その安定化のためには、しっかりした規範的、そして理念的な根拠づけが必要であるという問題意識から、社会保障法学の議論を手がかりに、社会保障の理念的な基盤の提示をめぐる議論を展開します。その際、私が従来から主張してきた社会保障法理論を発展的に展開し、より確固たる法理念を提示できるよう、考察を試みたいと思います。

1 「自律」支援、「自立」支援

社会保障の目的

社会保障の目的とは何でしょうか。

第1章2で紹介した荒木誠之氏の見解にみられるように、この問いに対し、社会保障法学の通説は、国民の生活保障にあるととらえてきました。社会保障を通じて、国家レベルでの所得再分配がおこなわれており、これは垂直的所得再分配(高所得層から低所得層への再分配)と水平的所得再分配（同一所得層内での再分配）にわけられます。ただし、所得再分配はあくまで社会保障がもつ機能であり、それ自体が社会保障の目的とは考えられません。目的とみるか機能とみるかはさておき、社会保障制度による所得再分配は、二〇世紀福祉国家のもとで、貧困や生活困窮に対する国家レベルでの効率的な対応手段であり、これにより相当程度、戦後日本は、国民の貧困や経済的な困窮の軽減に成功したものと積極的に評価することができます。

社会保障の目的は国民の生活保障にあるという通説的な見解を否定するものではありませんが、私は、より根源的には、個人の自律（autonomy）の支援と自立（independence）の支援が、社会保障の目的であると考えています。以下、この点について少し詳しく説明しておきましょう。

「自律」とは

私は、社会保障を、「個人が人格的に自律した存在として主体的にみずからの生き方を追求していくことを可能にするための条件整備」の制度ととらえています。ここにいう自律とは、「個人が主体的にみずからの生き方を追求できること」、つまり自分がこう生きたい、こうありたいと考える方向に向かって、主体的に人生を営んでゆけることを指しています。

もちろん、生身の人間は、必ずしも完全に自律性を備えた個人ではありません。その意味で、自律は所与《しょよ》の前提ではなく、めざすべき目標ととらえられます。ただし、歩み方や速度に個人差こそあれ、誰もが自律に向けた潜在能力をもっています。社会保障は、人間が生まれて自律的個人へと向かって成長し、不完全ながらも自律性を保持しながら、みずからの人生の物語を紡いでいくうえでの条件整備のための制度といえます。

保護から主体へ

このような私のとらえ方に対しては、現実の社会経済環境のなかで自律を確立、維持できない人間を切り捨てることにならないか、潜在能力の顕在化や発達を求めること自体、当事者に大きな負担を課すことにならないか、といった疑問が提起されてきました。

たしかに、現実の人間は、常に合理的に自分の生き方を決定でき、完全な自律能力を保持しているわけではありません。しかし、この章の2でも述べるように、私は、社会保障の適用場面において想定される人間ないし個人を、単に保護されるべき「客体」(受動的な人間)としてとらえるのではなく、一定の自律性と主体性をもった「主体」(担い手であり、受け手でもある人間)としてとらえることが重要であると考えています。そして、そうしたとらえ方こそ、この本がめざしている循環型の地域共生社会の構想に適合するものでもあるのです。

このように、自律をめざすべき目標としてすえることによってこそ、自律に向けた潜在能力の不十分さをサポートするシステムを、いわば前提条件として整備する必要性を、積極的かつ強力に根拠づけることが可能となります。たとえば、認知症の人が自己同一性を失うまいとして生きる姿勢や、知的・発達障害者などが一般的な速度よりゆっくりとではあっても成長を遂げていく過程のなかにも、「自律」(指向)性をうかがい知ることができ、それにより、そうした「営み」に対するサポートのための法制度の整備や充実を、積極的に根拠づけることができるのです。

認知症の人の生き方

認知症対策は、その予防も含め、いまや政府の重要な施策のひとつになっています。ただし、その取り組みは、それほど以前からなされてきたわけではありません。認知症も比較的新しい言葉です。患者と家族による、公益社団法人「認知症の人と家族の会」は全都道府県に支部をもち、幅広く活動しています。現在の認知症という言葉を用いた名称になったのは二〇〇六年で、それ以前は「呆け老人をかかえる家族の会」でした。

一般的にも「呆け」「痴呆」といった呼び方がなされていた二〇〇五年三月四日に放映され、反響を呼んだNHKにんげんドキュメント「ふたりの時を心に刻む」という番組があります。四七歳でアルツハイマー型認知症を発症したOさんの、発症一〇年後のドキュメント。ともに認知症と向き合う妻とのふたりの生活を追ったものです。四〇〇〇人が参加した国際アルツハイマー病協会京都会議で病気の苦しさを語るOさん。「病気になったことは本当に悔しい。なぜと思う気持ち。自分が自分でなくなるという辛さもあります。（中略）物忘れがあってもいろんなことができます。考えることもできます。あきらめずに生きていけるように、安心して普通の暮らしがしていけるように、手助けをお願いします」。

ふたりの思い出づくりに、信州への旅に出かけた一週間後、できあがった写真をみても、Oさんは写真を撮ったことを忘れています。でも、写真に写る自分の顔が笑っているのをみて、「こんなに笑っているね。気にはしません。前向きに生きます。忘れても笑えることがありますから大丈夫です」と笑っているOさん。

ここには、そのときを精いっぱいに生きるOさんと妻の姿が描き出されています。私はその姿に心を打たれました。もちろん、すべての認知症の人が、Oさんのように発信できるわけではありません。ただ多少の差こそあれ、若年性でも高齢者でも、認知症の人の自己同一性を失うまいとして生きようとする姿勢に、積極的に支援していく契機を見いだすことができるように思うのです。

発達障害のある子どもの成長

発達障害に対しては、二〇年前であれば、親も周囲も、障害に対する否定的な態度が今よりずっと強くありました。そのため、乳幼児検診で言葉が遅いなどの問題がみられても、「様子をみましょう」といった医師などの対応がなされ、親などもそのままにしてきたことが少なくなかったといわれます。

いまは、早期介入・早期療育の必要性が語られ、親がインターネットで調べ、みずから専門家に相談する時代になりました。療育機関もしだいに増え、親が悩みを抱え込まなくてよい環境が生まれつつあります。「発達障害」という言葉が世間で一般化し、障害に対する見方も少しずつ変わってきているといえましょう。

知的に遅れがなければ、大学進学―就職というルートも十分あり得ます。二〇一三年「障害を理由とする差別の解消の推進に関する法律(障害者差別解消法)」や、同じ年の障害者雇用促進法改正により、学校や職場での不当な差別的取扱い(直接差別)が禁止されました。それだけでなく、「社会的障壁の除去の実施について必要かつ合理的な配慮」(差別解消法七条二項)、「障害者の障害の特性に配慮した必要な措置」(雇用促進法三六条の二)といったかたちで、「合理的配慮の不提供」も法的に障害者差別と評価されるに至ったことも、障害をもつ若者の就労に向けた後押しになることが期待されます。なお、差別解消法では、私立学校における合理的配慮については法的義務ではなく努力義務にとどまるとしているものの(差別解消法八条二項)、私の勤務する大学を含む多くの私立大学では、専門部署を設け、対応しています。

発達障害で、かつ知的にも遅れがある場合などは、特別支援学級や特別支援学校において、普通学級より手厚い教員の配置により、勉強だけでなく、生活スキルや社会スキルを身につけていくこともできます。普通学級であれば、中学・高校と勉強が高度になるにつれ、劣等感にさいなまれ二次障害にも陥りかねないなか、特別支援学校などで、自分でできるレベルの勉強で達成感を味わい、自信をつけていくこともできるでしょう。もちろんこのことは、押しつけではなく、本人と家族の選択によるものであることが前提といえます。

比較的軽度の障害の場合、たとえ障害者枠であっても一般就労ができれば、所得税を納める立場にもなり得るでしょう。そして、たとえ障害基礎年金を受給しながらでも、健康保険料や厚生年金保険料を納付することで、自分名義の健康保険証を手にすることができ、みずからの老後のための年金の備えをすることもできます。社会保険の仕組み、つまり連帯・支え合いの仕組みに能動的に参加する立場になるのです。

このような発達障害の子どもに対する支援は、社会保障というより、主として教育や雇用の領域でおこなわれることになるでしょう。ただし、就職してからは、親亡き後の地域での生活も見すえて、グループホームや介護サービスといった生活支援がしだいに大きな意味をもつようになります。また、障害が重くなるにつれ、「障害者の日常生活及び社会生活を総合的に支援するための法律(障害者総合支援法)」にもとづく福祉領域での就労支援の役割も大きくなります。

自律に向けた支援

このように、私の意図は、決して自律性を確立、維持できない人を切り捨てることにあるのではありません。また潜在能力の顕在化や発達を求めることにより、個人に大きな負荷をかけることにあるのでもありません。ここで強調しておきたいのは、最初からこの人(あるいはこの領域に属する人たち)は自律できない(あるいは自律に向けた潜在能力をもたない)という前提に立ったうえで保障のあり方を構想するのと、誰もが自律に向けた潜在能力をもち得ることを前提としたうえで、個々人の現実の能力の違いやニーズの違いを踏まえた制度による対応のあり方を構想するのと、どちらが適切かということです。

私は、一貫して後者の立場からの議論をおこなってきました。言葉をより吟味して使用するならば、「自律の支援」というよりも、「自律に向けた支援」といったほうが、私の言いたいことがより伝わるのかもしれません。

「自立」とは

以上に述べた自律とは区別して、自立とは、行為主体として独立できている状態をいいます。一般的には、「あの人は自立している」という場合、経済的に自活している状態をさすことが多いかもしれません。

しかし、留意してほしいのは、自立とは、決して他者からの支援を受けないことを意味するものではないということです。たとえば、身体障害者が福祉サービスを利用しながら、施設から出て地域で生活することも、ひとつの「自立」した生活のかたちです。知的障害者や認知症高齢者が福祉・介護サービスや成年後見制度を利用することにより、支援を受けながら地域で暮らしていくことも、立派に「自立」した生活といえます。

つまり自立支援とは、人びとが非「自立」状態にある場合、さまざまな施策を通じて「自立」した状態に至るよう公的なサポートをおこなうこととしてとらえられます。そして、そのサポートのために重要な役割を果たすのが社会保障なのです。

最近の生活保護制度や生活困窮者自立支援制度の歴史的な展開過程では、日常生活自立支援、社会生活自立支援、就労自立支援という三層構造によって自立支援が把握されています。ここでいう日常生活自立支援とは、文字通り日常生活において自立した生活を送るための支援、社会生活自立支援とは、社会的なつながりを回復し、維持するなど社会生活における自立の支援を意味しています。

働く能力があり、それを十全に発揮できる環境にあるならば、就労することにより経済的に自立した生活を営めることが、本人の自己実現に資することにもなり、望ましいと一般的にはいえるでしょう。しかし、自宅に長期間ひきこもり、昼夜逆転した生活を続けていた人にとっては、就労以前に、規則正しい生活リズムを回復することが先決です。また、就職面接を受ける前提として、相手とのコミュニケーションの取り方、あいさつの仕方、身だしなみなどを身につけていることが不可欠といえます。こうした日常生活自立、社会生活自立に向けた支援があってこそ、就労自立に向けた支援が効果を発揮するのです。こうした支援は、この本の後半で詳しく述べるように、地域での支え合いの基盤を基礎においたうえで、専門職による（連携を含めた）個別的かつ継続的な支援を軸としておこなわれることになるでしょう。

プロセスへの着目

ここで重要なのは、「自立」支援そのものが最終目的ではないということです。「自立」支援を通じて、「自律」的な生が達成され得ることに意義があります。

何か特定の目標を達成することそれ自体に価値があるのではなく、各人それぞれが意味あるものと考える目標（「善き生」）の遂行に向けた可能性が開かれていることに意義があり、そうした意味でのみずからの生を追求できることそれ自体に価値があるのです。こうした議論は、帰結（結果）ではなく、過程（プロセス）に焦点をあて、価値をおくものということができます。

このことを別の面からいえば、すぐ後で紹介するように、かつての憲法二五条論（生存権論）が念頭においていた形式的な結果平等の実現（換言すれば「健康で文化的な最低限度の生活」の保障）だけではなく、憲法一三条の理念に依拠した実質的な機会平等の実現に重きをおく議論ということもできます。そして、こうした意味での個人の「自律」支援が含むものとしては、個人の「自尊（self-respect）」の感覚の尊重という側面もあります。

政治学者の田中拓道氏(一橋大学教授)は、最低限度の生活を保障する「再分配パラダイム」や、労働市場へと人びとを送り返して「自立」を強制するワークフェア型の「社会的投資パラダイム」に対し、各人が人生の目的をみずから選びとり、生き方を選択できる条件を保障すること、その前提として一人ひとりに「自尊」の感情を保障する「承認パラダイム」の理念を提唱しています。最近、注目を集めているベーシック・インカム構想のように就労と給付を完全に切り離すのではなく、民間企業などでの雇用労働、公園清掃などの公共的就労、非営利活動への参加など、各人にできるかぎり広い社会参画への選択肢を提供する個別支援とサービスが求められるという観点から、私もこの理念に共鳴する部分が少なくありません。

2　生存権に限界はあるのか

次に、もう少し踏み込んで、日本の最高法規である日本国憲法に基盤をおいた社会保障の理念的根拠づけの議論を確認しておきましょう。

憲法二五条

憲法二五条一項は、「すべて国民は、健康で文化的な最低限度の生活を営む権利を有する」と規定し、同条二項は、「国は、すべての生活部面について、社会福祉、社会保障及び公衆衛生の向上及び増進に努めなければならない」と規定しています。日本の社会保障は、この生存権規定ともいわれる憲法二五条によって根拠づけられてきました。

戦後、日本の社会保障の基盤をつくった政府文書である一九五〇年社会保障制度審議会「社会保障制度に関する勧告」(いわゆる五〇年勧告)では、冒頭に憲法二五条の規定を掲げ、この憲法の理念と、従来の社会保険や社会事業が財政難に陥り、破綻の状態にあるといった社会的事実の要請に応えるために、一日も早く統一された社会保障制度を確立しなければならないことを述べ、社会保険、国家扶助、公衆衛生および医療、社会福祉の四部門で構成される社会保障制度の骨格を示しています。

歴史的にみても、社会保障制度には、近代市民社会のもとでの資本主義経済の進展にともない発生する、実質的な不平等や窮乏《きゅうぼう》状態などの矛盾の露呈に対しての緩和ないし調整策という側面があります。その意味では、必ずしも憲法の明文規定を前提としなくとも、社会保障制度の生成の背景にあった生存権の思想が、社会保障制度を支える理念であるということもできます。

いずれにせよ、生存権あるいは憲法二五条が社会保障を支える法理念であることについては、今日では異論がないといってよいでしょう。

給付中心だったが

憲法二五条一項は、「健康で文化的な最低限度の生活」を国民の権利として保障しています。裏返していえば、「健康で文化的な最低限度の生活」を保障する義務が、国に課されていることになります。この保障義務を具体化した法律が生活保護法です。同法一条は、「この法律は、日本国憲法第二五条に規定する理念に基き、国が生活に困窮するすべての国民に対し、その困窮の程度に応じ、必要な保護を行い、その最低限度の生活を保障するとともに、その自立を助長することを目的とする」と規定しています。

ただし、この最低限度の生活を具体化した生活保護基準（同法八条）がそうであるように、同法によって保障されるべき最低限度の生活は、基本的には物質的、そして物理的な意味でのナショナルミニマムないしセーフティネットとしてとらえられてきました。そして、その実現手段として考えられたのが、金銭、現物、サービスといった諸々の「給付」であったのです。このことは、生活保護が、生活扶助、教育扶助、住宅扶助、医療扶助、介護扶助、出産扶助、生業扶助、葬祭扶助の八種類から構成されていることに端的に示されています(同法一一条一項)。

こうした給付自体、健康で文化的な最低限度の生活を営んでいくために不可欠の保障手段であることに疑いをはさむ余地はありません。第二次世界大戦後の混乱期を経て、衣・食・住を確保することがまずもって重要な課題とされた時代であれば、さしあたりそれで必要かつ十分であったといえるでしょう。

しかし、それだけでは、現代社会が対処すべき課題として広く認識されつつある「社会的排除(social exclusion)」、すなわち社会から孤立し、人とのつながりをもてないといった状況を十分にとらえられないという大きな限界に直面せざるを得ないのです。

主体としての人間

この章の1で述べたように、社会保障の目的を国民の生活保障にあるととらえてきた通説に対し、私は、より根源的には、個人の自律(autonomy)の支援と自立(independence)の支援(より本質的には前者)が、社会保障の目的であるという見方を提起してきました。このことは、生存権をめぐるかつての議論の限界に起因するものでもあるため、以下では、私の見解の概略を述べておきたいと思います。

社会保障を、生存権を根拠にして、国が国民に対する生活保障をおこなうものととらえる従来の見方には、ともすると、社会保障をめぐる法関係を、権利主体としての国民と、責任(義務)主体としての国という二項対立として把握し、国民ないし個人を受動的な受給者すなわち「保護されるべき客体」として位置づける傾向があったことを否定できないように思われます。たしかに、戦後しばらくのあいだ日本全体が直面した困窮状況を前提とすれば、こうしたとらえ方を前提として、しっかりした生活の基礎部分の保障を図ることに重きをおくことにも十分な理由があったと考えられます。

しかし、本来的には、社会保障をめぐる法関係の中心におかれるべきなのは、一人ひとりの個人であり、この個人を、権利を有し義務を負う積極的かつ能動的な主体として位置づけしなおす必要があります。つまり、個人の主体的な位置づけを明確に意識した法理論の確立が求められていたのです。

繰り返しになりますが、保護されるべき「客体」(受動的な人間)ではなく、自律性と主体性をもつ「主体」(担い手であり受け手でもある人間)として、人をとらえる視点が重要であると考えます。そして、こうした発想が、地域を基盤として社会保障のあり方を再考しようとするこの本の根底にあります。

「個人の自律の支援」

以上に述べたような問題意識にもとづき、私は、社会保障の究極の目的を「個人の自律の支援」にあるととらえ、社会保障を、「個人が人格的に自律した存在として主体的にみずからの生き方を追求していくことを可能にするための条件整備」の制度であると考えました。ここにいう「個人が人格的に自律した存在として主体的にみずからの生き方を追求していくこと」、いわゆる「自由」の理念が、個人主義の思想を基盤とする日本国憲法のもとにあって、社会保障の規範的な指導理念として位置づけられます。

このことは、社会保障の目的を、財(金銭、現物、サービス)の分配、そしてそれによる物質的ニーズの充足による生活保障、という物質的事象の次元のみで把握するのではなく、自律した個人の主体的な生の追求による人格的な利益の実現(それは第一義的に「自己決定」の尊重という考え方とも親和的です)のための条件整備ととらえるものです。思想的には、リベラリズムの系譜に連なる考え方といって差し支えありません。

こうしたとらえ方は、根源的には憲法一三条に規範としての根拠をおくものです。同条は、

「すべて国民は、個人として尊重される。生命、自由及び幸福追求に対する国民の権利については、公共の福祉に反しない限り、立法その他の国政の上で、最大の尊重を必要とする」と規定しています。幸福追求権として知られる、基本的人権の総則的な位置づけがなされている抽象的な条文ですが、自己決定権といった、固有の人権として明文の規定をもたない新しい人権の根拠となる規定と考えられてきました。

こうした意味で、主体的な生の追求や遂行といった人格的な利益の実現を図るため、憲法二五条が規定するように、国は社会保障制度を整備し、一定の財やサービスの供給を確保する責任を負う一方で、それに対応するかたちで、国民は一定限度で制度へ加入する義務を負い、費用を負担する義務を負うことで、財産権への制約(憲法二九条二項)を甘受することになるのです。

なぜ相談支援か

私が提起している社会保障の理念的な根拠づけの議論は、第一に、個人による自主的、自律的な生の構築を可能にするための生き方の選択の幅の確保という、(各人がめざす結果ではなく)過程ないしプロセスに焦点をあてたものであること、第二に、そうした過程ないしプロセスが確保されることに対して、各人が一定の幸福（welfare）を達成するための手段としての価値にとどまらない、それ自体に幸福の構成要素としての内在的な価値を見いだすことを意味しています。従来の生存権をめぐる議論は、物質的ニーズの充足による、結果としての最低生活保障に焦点をあてるものであり、過程ないしプロセスに焦点をあてるものではありませんでした。

過程ないしプロセスに焦点をあてることで、物質的なニーズの充足に限定されない「支援」の重要性が浮き彫りになります。私のいう自律支援のための自立支援策とは、物質的な給付に限定されるものではありません。雇用労働による就労自立に向かうひとつのステップとしての、あるいは社会とのつながりをもち、自己実現を図る場として、それ自体固有の価値をもつ中間的就労（後述するように、生活困窮者自立支援制度では就労準備支援事業の対象となります）などのために必要な、「相談支援」を含むものとしてとらえられます。

この「相談支援」は、社会福祉の分野でいわれるソーシャルワーク（法律の文言としては「相談援助」（社会福祉士及び介護福祉士法二条一項））と重なる部分をもつといって差しつかえないでしょう。

そこで法的な観点からは、これをどのようなものとして性格づければよいのか、そしてそれは伝統的な社会保障「給付」とどう違うのか、といった点を検討する必要があります。これらの考察は第5章でおこなうこととし、さしあたりここでは、従来、社会保障分野において「相談支援」の位置づけが本格的には議論されてこなかったこと、それゆえ今日、「相談支援」の法的観点からの吟味が必要になっていることを指摘しておくにとどめます。

3　支える人はいるのか

社会的な共感と連帯

第1章で述べたように、社会保障の持続可能性を支える市民的な基盤が脆弱化していることを踏まえて、私は、希薄化し、かつ脆弱化しつつある市民・住民意識の下支えとなる社会保障の理念的な根拠を、あらためて問いなおす必要があると考えています。この章の2では、個人の自律の支援に着目した社会保障の法理念にかかわる持論を展開してきました。

社会保障の法的な根拠として、従来、一般に生存権が挙げられてきたことについては、すでに述べたとおりです。このことと関連して、社会保障法学では、社会保障制度に登場する法主体、すなわち権利や義務の担い手となる主体として、「国家」と「個人」(あるいは「国民」)の二当事者を中心としてとらえる見方が一般的でした。しかし、実際には、「国家」と「個人」の中間にあって、「社会」を構成する家族、企業、地域といったさまざまな要素も、社会保障制度と密接なかかわりをもっています。

社会保障が、本来的には、社会を構成する人びとによる互恵的《ごけいてき》な関係を基盤とした、国による制度化という面をもつことは否定できません。このことに関連して、社会保障法学においては、個人の自律性や主体性に着目する私の立場とは異なり、「社会」に着目する観点から、社会連帯を、生存権とならぶ社会保障の規範的な根拠ととらえる見方が存在します。諸外国に目を転じると、社会保障先進国というべきドイツやフランスにおいて、(社会)連帯が、社会保障制度の理念として重要な役割を果たしてきました。

法律上も、「老齢、障害又は死亡によって国民生活の安定がそこなわれることを国民の共同連帯によって防止し」(国民年金法一条)、「高齢者の医療について、国民の共同連帯の理念等に基づき」(高齢者医療確保法一条)、「国民の共同連帯の理念に基づき介護保険制度を設け」(介護保険法一条)と規定し、連帯が国民年金、後期高齢者医療、介護保険の理念であることが明記されています。

持続可能な社会保障を支える市民的な基盤の脆弱化という私の問題意識を、社会連帯論の立場からとらえた場合、市民的な基盤を下支えする人びとの「連帯」意識の脆弱化と再構築の必要性という課題が生起されることになるでしょう。

共同体の強調と新たな排除の危険性

連帯論との位置関係は必ずしも明確でないものの、伝統的な共同体主義(communitarianism)の立場からは、脆弱化した地域(社会)の再生を図るという観点から、個々人の利害を超越した共通善(共同体の成員によって達成すべきものとされた集合的な目標)の実現をめざし、共同体の擁護を見すえたアプローチが求められることになってきそうです。

今日の共同体主義をめぐる議論のなかには、市場経済や個人の自由も尊重する「リベラル・コミュニタリアニズム」と呼ばれる主張もなされているようです。しかしながら、共同体(その究極としての国家)の論理を優先して個人の尊厳がおとしめられてきた日本の過去の経験や、「個」の確立が図られていないといわれる日本人の気質からすれば、地域社会に代表される共同体を基盤とした「厚い」共通善の議論を展開することについては、抵抗感を禁じ得ないのです。そうした「厚い」構想は、地域における新たな排除や分断を生みかねません。

この本でも繰り返し述べるように、私は、結局のところ、「地域」とは「人と人のつながり」に帰着するのではないか、そして帰着せざるを得ないのではないかという印象をもっています。

そうした「緩やかな」地域のとらえ方が、今日の日本社会には適合しているのではないかと思うのです。

互恵性に開かれた人間像

それでは、個人の「自由」や「自律」を強調し、リベラリズムの立場から議論を構築しようとする私の立場から、持続可能な社会保障のための市民的基盤の希薄化、脆弱化という事態に対し、どのように向き合うべきなのでしょうか。このことは、一方で、個人の「自由」や「自律」を強調しながら、他方で、社会保障が本来的に社会構成員間の関係性を基盤とせざるを得ないことと、どう折り合いをつけていくかという問題にかかわっています。

この点に関しては、さしあたり、以下の二点から説明しておきたいと思います。

第一に、自律的な個人をめぐる「人間像」の再確認と、その回復に向けた制度的な対応というアプローチです。

社会保障の目的を個人の「(実質的)自由」の保障と説明する私の議論に対しては次のような指摘があります。すなわち、現実の社会保障が、制度への加入を強制する社会保険に典型的に示されるように、目的を達成する手段の面で、必然的に個人の「自由」(国家ないし共同体からの自由）を侵害せざるを得ないがゆえに、社会保障における目的と手段の双方を「自由」という観点から統一的に説明するには相当の困難をともなうと同時に、憲法による議会制民主主義を根本的に否定する可能性をもつというものです。

不確実に発生し得る一定の社会的リスク（要保障事由とも呼ばれ、老齢、疾病、障害、失業などが挙げられます）の発生に際して、強制加入である社会保険の仕組みを、憲法制定権者（究極的には国民）が積極的に選び取ったものと想定すること（いわば社会保険の積極的な正当化）は、一種の「社会契約」的な説明であり、仮想的な「あるべき」論という印象を与えるかもしれません。たしかに、社会政策に属する領域において、自由をことさらに強調することは、立法権者（国会）の裁量を不当に拘束することにつながる危険性があります。

しかし、私の議論の眼目は、個人の自由を過度に制約することなく、そして実質的に自由な生き方を促進するために、強制性をともなう社会保険の仕組みが、日本の社会保障制度のあり方として否定されてはおらず、許容され得るという点（いわば社会保険の消極的な正当化）にあります。したがって、社会保険を含むどのような社会保障制度の仕組みを設けるかは、一義的には立法権者の裁量に開かれており、議会制民主主義を否定するものでもありません。

ここで強調したいのは、消極的な正当化の前提として想定される人間像が、「自律」を希求する存在であるとしても、孤立化し、自己利益のみを追求するものとしてでなく、他者との関係性(かかわり)を見すえたものとしてとらえられるということです。それは、互恵性ないし相互性(reciprocity)に開かれた人間像ということができ、こうしたなかには、共済や相互扶助の視点が含まれるといえるでしょう。

最近の動物行動学の知見によれば、人間は、本来的に共感(empathy)を備えているとの議論が展開されており、こうした互恵的な人間の本性を前提にすることと、社会保障をめぐる人間像として「自律」を見すえた個人を念頭におくことは、相容れないものではありません。

要するに、強制性をともなう社会保障(とりわけ社会保険)の制度設計にあたり、「自律」を見すえた個人を功利主義的な「合理的経済人」としてとらえるべき必然性はないということです。むしろ、人間が本来兼ね備えているはずの互恵性、相互性、そして共感といった属性をもつ個人としてとらえたうえで、そうした諸前提が十分発揮されない(あるいは脆弱化しつつある)状況にあるとすれば、制度改革を通じて(再)涵養《かんよう》することが積極的に求められ、かつ正当化されると考えるのです。

折々にみずからの生き方を修正できること

第二に、政治学者である施光恒氏（九州大学准教授）による可謬《かびゅう》主義リベラリズムからの知見が参考になります。施氏によれば、可謬主義は、リベラルな社会の意義を、多様な自己発見と生き方の試行錯誤が可能であることに求めるとの前提に立つものとされています。

施氏の議論を筆者なりに咀嚼《そしゃく》すると、各人それぞれにとっての「善き生」の遂行に向けた可能性が開かれていること自体に意義があり、みずからこうありたい、こう生きたいという生き方を追求できることそれ自体に価値があると考えられます。ただし、個々人は自分にとって何が「善き生」であるのか、完全には知り得ているわけでなく、自己の生の目的についても、振り返ってみれば、しばしば誤っていたと思われるような判断を下すことがあります。

このことを前提とした場合、各人の「善き生」の追求に際しては、自己の「善き生」の構想を批判的に吟味し、修正する機会が、常に開かれ続けていることが求められます。そして、こうして批判的に吟味していくための機会を保障するための条件として、一定の社会保障制度の存在が正当化されるといえます。

社会保障を、個人が人格的に自律した存在として主体的にみずからの生き方を追求していくことを可能にするための条件整備ととらえるためには、人生における特定の一時点ではなく、さまざまな事態に遭遇する人生の折々に、金銭、現物、サービスなどによる公的給付と、継続的な相談支援を必要とします。その際、先に述べたように、本来的に人間を、互恵性や相互性、共感といった属性をもつととらえることで、他者を、自己の「善き生」の構想を吟味するにあたって有益な貢献をなしてくれる潜在的な可能性をもつ存在としてとらえることができます。これは自分だけでなく、すべての個人に対する実体的な給付や手続的(プロセス的)な相談支援を、積極的に支持することにもつながります。

施氏によれば、批判的に吟味するための前提として、個人が高いself-esteem(自己肯定感、自己概念と結びついている自己の価値と能力の感覚)を獲得することが求められます。こうした感覚は、適切な社会的環境の下でよりよく育まれることから、生存権、教育を受ける権利、親密な関係性を経験できるコミュニティで育つ権利や、これらの権利利益を増進するための施策の展開が重要性を帯びるのです。たとえ、知的・精神的に障害があり、判断能力が不十分であると思われても、(ある意味ではそうであることからより集中的に)潜在能力を開花させるような施策の展開が求められるのです。

尊重されるべきこと

個人の自律の支援を社会保障の根源的な目的であるととらえる私の考え方のもとでは、尊重されるべき規範的な価値として、すでにこれまで述べてきたことに示唆されている、①「個人」基底性、②「自律」指向性のほか、ライフステージの各段階における各個人の③「生き方の選択の幅の平等」ないし「実質的機会平等」が含まれています。各個人による自主的、自律的な生の構築を可能にするためには、財の配分における形式的平等を達成するだけでは十分でなく、著名なノーベル経済学賞受賞者であるアマルティア・センが言うように、各人が財を機能(functionings)に変換する能力(ケイパビリティ)にも着目した実質的な配分が必要とされるということです。

こうした「実質的機会平等」の観点からも、障害者などを含むすべての個人に対して、さまざまな事態に遭遇する人生の折々に、社会保障による給付と継続的な相談支援をおこなうべきことが、積極的に必要とされると考えられます。

多元的な保障手段

以上に述べたような多様な諸条件を前提とした場合、自律指向的な個人が自己の「善き生」の構想を、批判的な吟味と修正に常に開き続けておくための条件として、正(正義)の実現手段としての権利(人権)も重要ではあります。しかし、それだけに限定しなければならないわけではなく、以下に述べるように、むしろ権利として確定するのになじまない諸条件も存在するように思われます。

「健康で文化的な最低限度の生活」保障(憲法二五条一項)に直接かかわるセーフティネットの経済的な側面などは、法的権利(生存権)としてしっかりした保障が図られるべきでしょう。

しかしながら、自己の生き方の支えとなり得る多様なセーフティネット(あるいはスプリングボード)の「幅」「高さ」「弾力性」などは、すべて規範的に(あるいは権利として)導き出されるというよりも、社会経済状況の発展段階などに応じた、(国や地方自治体のほか、より小規模な単位の地域自治の仕組みも含む)市民参加型の意思決定システムや、個別具体的な相談支援の場面での被支援者と支援者のあいだでの(協働的)意思決定に委ねられるべき(あるいは委ねざるを得ない)領域があるのではないかと思われます。

また、地域社会や共同体の位置づけも、それ自体の歴史や伝統に価値を見いだすというより、個々人が「善き生」の構想を探求するための能力を涵養できるようにするために必要な、多様性を備えた人的ネットワークの源泉、あるいは人と人のつながりの束としてとらえることができるのではないかと思われます。これらの点については、第5章と第6章で、それぞれ法的観点から、そして地域の現場の目線から、さらに掘り下げて考えることにしましょう。

第3章
何が変わってきているのか

前の章では、社会保障の法理論を現代社会に照らして再構成する作業から導き出された知見、とりわけ伝統的な社会保障「給付」のみならず、「相談支援」が不可欠のものとされるに至った経緯を、社会保障の理念的な基盤から説き明かしました。この章では、同様の帰結を、社会保障それ自体の歴史からも跡づけてみることにします。

1　伝統的な社会保障のとらえ方

貧民救済と労働者保険

社会保障(Social Security)と呼ばれる制度は、二〇世紀に入り、先進諸国を中心に本格的な発展を遂げてきました。一九三五年には、アメリカで社会保障という名称を冠したはじめての法律(Social Security Act)が制定されています。ただし、この法律が実質的にも社会保障の出発点ととらえられているわけではありません。

今日的な社会保障が成立するまでに、その前駆《ぜんく》形態というべき二つの流れがありました。

そのひとつが、イギリスにおいて発展した公的救貧制度です。一六〇一年エリザベス救貧法を抜本的に改正した一八三四年新救貧法は、資本主義社会の発展過程において、貧困は本来個人の責任であるという視点に立ち、労働能力ある貧困な人びとは労役場（work house）への収容と強制的な労働、労働能力のない貧困な人びとは「劣等処遇（less eligibility）の原則」（労働能力のない貧困な人びとへの処遇は、最下層の自立生活者の生活水準を下回るものとする考え方）のもと、あくまで恩恵的に救済するという考え方でした。この仕組みには、公費を財源とし、国家の責務として救済するなど、今日の公的扶助（拠出を要件とせず、最低生活を下回って生活困窮に陥った事態に際し、その不足分を補う限度においておこなわれる給付の仕組み。日本では生活保護がその典型）との制度的な関連性を見いだすことができます。

もうひとつの前駆形態、そして現代における社会保障のより直接的な前駆形態と言い得るのが、一九世紀末ドイツにおける労働者保険制度です。これは、今日の社会保険の前身にあたり、すでに貧困状態に陥った人びとへの事後的、恩恵的な救済とは異なり、現に労働に従事する人びとが貧困状態に陥るのを防ぐために、保険の技術を用いた相互扶助的な仕組みとして登場しました。

社会保険から社会保障へ

その後、さまざまな経緯を経て、二〇世紀初頭から第二次世界大戦後にかけて、貧困の社会的性格（貧困は必ずしも個人の責任に帰せられるべきではないという考え方）についての認識が一般化するとともに、国民全体に対する最低限の生活保障が国の責務であるという考え方（その背景としての生存権の思想）が普及し、制度が整備されていきました。

公的救貧制度は、救貧法の時代における「劣等処遇の原則」の否定、従来は否定されていた権利性を承認することなどにより、現代的な公的扶助へと発展を遂げました。また労働者保険は、適用範囲を労働者以外に拡大し、国民一般を対象とする社会保険へと発展するとともに、保険としての性格を特徴づける拠出と給付との対価的な関連性がしだいに緩やかなものとなりました。

こうして、対象者や制度の内容などの点で、違いが相対化した社会保険と公的扶助を統合する概念として、社会保障という用語が用いられるようになったのです。

たとえば、ＩＬＯ（国際労働機関）から一九四二年に出版された『社会保障への途』（塩野谷九十九ほか訳）では、公的扶助に類する社会扶助という概念を用いながら、「社会扶助制度は資力の小さい人びとのために権利として認められた給付を最低標準のニードを満たすに足る額において供給するものであって、資金は租税から調達されるのに対し、社会保険制度は収入の少ない人びとのために権利として認められた給付を供給するものであって、その額は使用者および国からの補助金に被保険者の拠出努力を結び合わせたものである」と述べたうえで、「社会扶助は救貧から社会保険の方向への前進であり、他方、社会保険は私的保険から社会扶助の方向への進展である」と述べています。

こうした二〇世紀初頭から戦後にかけての変化は、「社会保険から社会保障へ」というスローガンで言いあらわされることがあります。このことは、拠出を原則とする仕組みが解消されることが社会保障の向かうべき望ましい方向性であるとの見方を生み、受給者側からみた公的扶助と社会保険双方のメリット（拠出を前提とせず〔無拠出制〕、最低生活を下回る程度を個別に審査することを要しない〔定型的給付〕）を統合した社会手当の仕組みが、社会保障の理想的な制度形態であるという評価につながっていきました。

ただし、日本では、大企業を中心とした企業福祉の発達という状況のもと、社会手当の仕組みが大きく育たなかったことは、すでに第1章で述べたとおりです。

所得を保障する

ＩＬＯ『社会保障への途』と同じ年の一九四二年にイギリスで発表され、戦後イギリスのみならず各国の社会保障制度の発展に影響を与えた文書として、ベヴァリッジ報告書があります。それによれば、「社会保障」という用語は、「失業、疾病あるいは災害によって稼得が中断された場合にこれに代わって所得を維持し、老齢による退職や本人以外の者の死亡による扶養の喪失に給付を行い、出産、死亡、結婚などに伴う特別の出費を賄い、そうすることで所得を保障することを意味している」(傍線筆者)ものととらえられていました。ただし、この報告書では、児童手当、包括的な保健およびリハビリテーションサービス、雇用の維持を、社会保障の三つの前提としてとらえていた点に留意する必要があります。

また、戦後日本の社会保障制度の基盤を形成した一九五〇年社会保障制度審議会での勧告(いわゆる五〇年勧告)によれば、「社会保障制度とは、疾病、負傷、分娩、廃疾、死亡、老齢、失業、多子その他困窮の原因に対し、保険的方法又は直接公の負担において経済保障の途を講じ、生活困窮に陥った者に対しては、国家扶助によって最低限度の生活を保障するとともに、公衆衛生及び社会福祉の向上を図り、もってすべての国民が文化的社会の成員たるに値する生活を営むことができるようにすることをいう」(傍線筆者)と述べられています。

これらの例にその一端が示されているように、伝統的に社会保障は、①困窮の原因となり得る一定の社会的リスクないし要保障事由の発生に際してなされる、②所得保障ないし経済保障、を中核としてとらえられてきたといえます。もっとも、先に挙げた五〇年勧告も、ベヴァリッジ報告書の影響を受けたといわれており、共通性があるのも当然といえるかもしれません。

その後の発展

その後の社会保障の発展過程において、所得保障ないし経済保障を中核にすえたとらえ方もしだいに変化してきました。

たとえば、医療分野では、歴史的には医療費保障(治療費の保障)や休業期間中の所得保障への対応に焦点があてられてきたのに対し、予防—治療—リハビリテーションからなる一連の過程をとらえた「医療保障」の理念が一般化するに至っています。また、生活保護法の保護施設であった養老院が、一九六三年老人福祉法の制定にともない、老人福祉施設である養護老人ホームに移行したことに示されるように、公的扶助における貧困者や生活困窮者への対応から、しだいに社会福祉の領域が分化し発展してきたという歴史的な経緯があります。その一方、現在、「社会福祉」という概念は、生活上のニーズが発生しやすい一定のカテゴリー(高齢者、障害者、児童など）に属する人びとに対し、所得水準にかかわらず普遍的なサービスを提供する制度領域として理解されています。

こうして、現在では、金銭給付による所得保障にとどまらず、現物給付やサービス給付を通じての医療保障や生活上の福祉ニーズへの対応も、社会保障に含めて考えるのが一般的です。ただし、そうであっても、社会保障を金銭、現物、サービスを含む「給付」の体系としてとらえる見方は、一貫して維持されてきたといえます。また、貧困や生活困窮の原因となり得る老齢、疾病、障害、失業などの要保障事由の発生を契機として展開される社会保障という伝統的なとらえ方も、現在に至るまで基本的に維持されていると言って差し支えありません。

2　社会的包摂と、個人のニーズへの対応

経済発展がもたらしたもの

この章の1で述べたような社会保障のとらえ方がなされてきたのは、日本の社会保障制度の基盤を形成した一九五〇年社会保障制度審議会での勧告（いわゆる五〇年勧告）が、憲法二五条を冒頭に掲げ、生存権とこれに対する国の生活保障義務を強調したことに象徴されるように、社

会保障の生成期において、貧困や生活困窮への対応が喫緊の国家的な課題であったことと無関係ではありません。貧困や生活困窮の原因となり得る要保障事由への対応が国家の任務と考えられ、その際、まずもって所得の喪失や経済的な困窮への対応が必要と考えられたのです。

しかし、その後の飛躍的な経済発展と、生活水準の向上を反映して、社会保障がめざすのは、もはや憲法二五条が規定する「健康で文化的な最低限度の生活」保障に限定されるものではないと考えられるようになりました。五〇年勧告と同様、日本の社会保障制度史上、重要な位置づけを与えられている一九九五年社会保障制度審議会勧告では、「健やかで安心できる生活を保障すること」を社会保障の目的として掲げています。どちらのほうが高い水準の生活を保障しようとしているかは、あえて言うまでもないでしょう。

発達や成長に向けた支援

こうして、相対的に高い水準の生活の保障をめざすに至った日本の社会保障の進展と、その下支えとなる経済発展を背景として、社会保障の伝統的なとらえ方に対しては、以下に述べるように、しだいにその限界が明らかになっています。

第一に、要保障事由が発生した際に給付するという社会保障のとらえ方の限界が明らかになってきました。

こうしたとらえ方は、貧困や生活困窮をもたらすことになり得る事故ないしリスクの発生という、人生における「非常」事態に際しての帰結主義的な(言い換えれば結果平等的な)意味での保障に着目したとらえ方ということができます。ただし、こうしたとらえ方では、人びとの豊かな「発達」や「成長」に向けた前向きな支援やサポートというような、人生の過程やプロセスそのものに焦点をあてた保障(言い換えれば実質的な機会平等)を支える論理とはなりがたい面があるのです。

しかし、いま求められているのは、一定の要保障事由が発生した際におけるセーフティネットの確保にとどまらず(もちろん、そうしたセーフティネットが重要であることは言うまでもないことですが、それに加えて)、人びとが能動的かつ主体的に生きていくための積極的な公的ないし社会的な支援でもあるのです。

児童手当から子ども個人の手当へ

このことを、子どもに焦点をあてて考えてみましょう。

先に紹介したように、五〇年勧告によれば、社会保障制度とは、疾病、負傷、分娩、廃疾、死亡、老齢、失業、多子その他困窮の原因に対するものととらえられています（傍線筆者）。つまり、戦後は「多子＝子どもが多いこと」により家計の経済的な負担がかさむこと自体が、要保障事由と考えられていたのです。しかし、少子化の流れのなかで、こうした困窮状況を目の当たりにすることは少なくなりました。

最近では、「児童養育」ないし「育児」それ自体が、親あるいは養育家庭にとって、教育費などがかさむことで、あるいは就労して賃金を得る機会費用を失うことで、経済的な負担となる、そして育児という社会的な活動それ自体が物理的な負担になる、というとらえ方がなされるようになりました。こうした発想は、要保障事由に着目した従来の社会保障のとらえ方に、比較的なじみやすいということができます。

しかし、こうしたとらえ方にとどまっていたのでは、子ども自身の権利や利益に着目した「育ち」の保障という発想は当然には出てきません。たとえば、二〇〇九年秋の政権交代により実現した民主党連立政権は、二〇一〇年に子ども手当という制度を導入しました。財源のめどが立たず、一年限りの時限的なものにとどまったものの（その後延長され、結局二年間で廃止）、「平成二二年度等における子ども手当の支給に関する法律」は、「次代の社会を担う子どもの健やかな育ちを支援する」ことを法の趣旨として掲げました。

それまでの児童手当が目的としていた家庭生活の（経済的）安定ではなく、「子どもの健やかな育ち」それ自体を法律の目的として正面から取り上げた点で、画期的な制度であったと評価することができます。子どもの育ちに着目したからこそ、世帯の所得にかかわりなく一律に支給する（所得制限を設けない）という制度設計と結びつきました。

「子どもの健やかな育ち」を保障する制度が、要保障事由を手がかりに社会保障を把握しようとする従来のとらえ方と整合しないことは明らかでしょう。たしかに、子ども手当に対しては、所得制限なく高所得世帯にも支給されたため、世間的には公費のむだ遣いであるといった批判も多かったのですが、少なくとも「子どもの健やかな育ち」を積極的に保障することが、社会保障の重要な役割であること自体については、今日では多くの人びとの理解を得られるのではないでしょうか。

「孤立」を打開

第二に、所得保障や現物・サービス保障といった従来の社会保障による保障の方法の限界も明らかになってきました。

これらの手法は、金銭給付による所得再分配を通じた経済的な困窮状態への予防的、あるいは事後的な対応や、現物・サービスの提供を通じた医療、介護、福祉などのニーズの充足を念頭におくものです。しかし、こうした物質的なニーズが一定程度充たされたとしても、社会とつながりをもつことができず孤立した状態にある「社会的排除(social exclusion)」に対処することが当たり前にできるわけではありません。このことは、最近、「ひきこもり」が社会現象として問題となっていることに象徴されているといえるでしょう。

二〇一九年三月、自宅に半年以上閉じこもっている「ひきこもり」の四〇～六四歳が、全国で推計六一万三〇〇〇人いるとの調査結果が内閣府から発表され、世間の注目を集めました。このうち、八〇代(七〇代)の老親と同居する五〇代(四〇代)の無職の中年が相当数いることが、八〇五〇問題(あるいは七〇四〇問題)として知られています。彼らは、親が生きている限り、その年金に頼って衣・食・住は保たれるでしょう。しかし、親亡き後はどうでしょうか。経済的な困窮が危惧される以外にも、社会からまったく孤立してしまうことで、孤独死などの悲劇も起きないとはかぎりません。しかし、従来の社会保障のとらえ方では、こうした社会的に孤立した状況に対する「社会的包摂(social inclusion)」策の重要性を十分に説明することができなかったと言わざるを得ません。

これに対し、近年、一定程度の所得・現物・サービス保障の必要性は当然の前提としたうえで、さらに社会とのつながりをもつことができない「孤立」の状況を打開し、社会に主体的にかかわることができるようにするための社会的な包摂策の重要性が、広く認識されるようになりました。そうした施策により、稼働《かどう》能力（働いて自分で稼ぐ力）がある場合、最終的に雇用され労働に就くことを通じて、生計手段を獲得するとともに自己実現を図ることも可能となるでしょう。また雇用労働に至らなくとも、中間的就労ともいわれる農作業や公共施設の清掃、ボランティアなどの社会的活動を通じて、地域とのつながりをもつことで、社会の一員としての自尊感覚をもつことにつながります。

人には、就労を通じて人生の肯定の基盤が形成されるという面があります（「就労価値」論）。その射程は、雇用労働に限らず、労働法制が適用されない障害者、生活困窮者などによる福祉的就労にまで及ぶものであり、こうした広い意味での就労は、それ自体が価値あるものとして位置づけられ、積極的に評価されるべきものと考えられます。

相談支援の重要性

以上の二つの意味合いにおいて、社会保障を所得保障および医療・介護・福祉サービス保障といった実体的な給付（これを、国レベルでの所得再分配を中核とした「二〇世紀型社会保障」と呼んでおきます）でとらえきってしまうのは不十分であることが明らかになってきました。

社会的に承認された一定の要保障事由の発生に際しての、国の所得再分配機構を通じての物質的な給付のみでは、必ずしもさまざまなニーズをもつ個人の自律に向けた積極的な支援とはなり得ず、社会的な包摂も十分には図ることができません。

そこで求められるのが、各人の個別的なニーズやさまざまな生活上の困難を受けとめる相談支援です。こうした支援は、相談を受けとめて他の諸々の給付に結びつけるための「点」での支援にとどまらず、必要に応じて、継続的なかかわりをもつ「寄り添い型」支援、あるいは「伴走型」支援であることが求められます。

相談支援を、従来型の社会保障給付と有機的に関連づけて、あるいはそれ自体単独に、本格的に展開していくことが、「二一世紀福祉社会」のめざすべき方向性ではないかと考えられます。それはまた、日本における社会経済の進展、そして成熟化の必然的な帰結でもあります。

こうしたとらえ方は、効率性を志向した「社会保障モデル」による生活支援から、さまざまな生活問題を抱える人びとに対する「生活モデル」による支援への重心の移行を論じている社会政策学者の猪飼周平氏（一橋大学教授）の問題認識とも、共有する部分が大きいと思われます。

従来型の給付による支援は、金銭、現物、サービスといった実体的なものであり、定量化になじむものです。そうであればこそ、憲法二五条一項が規定する「健康で文化的な最低限度の生活」水準を具体化した生活保護基準がそうであるように、数値的な基準設定が基本的に可能であるといえます。これに対し、相談支援の特徴として、従来型の給付に当てはまる定量的な保障という考え方では把握し切れない、非定量的、手続的(プロセス的)な性格をもつということが挙げられます。この点については、第5章1で改めて述べることにします。

個別のニーズに合わせた手続的な保障

相談支援の充実については、最近、制度化に向けたいくつかの方向性がみられます。

第一に、二〇〇〇年の介護保険制度導入以後、顕著にみられるようになった計画化の流れがあります。ここでいう計画化とは、介護保険事業の保険給付の円滑な実施に関する市町村介護保険事業計画(介護保険法一一七条)と都道府県介護保険事業支援計画(同法一一八条)、地域の実情に応じて、都道府県における医療提供体制の確保を図るための医療計画(医療法三〇条の四)、子ども・子育て支援法に基づく業務の円滑な実施に関して市町村が定める市町村子ども・子育て支援事業計画(子ども・子育て支援法六一条)などとは異なる性格をもちます。すなわち、これらは、行政が一定の公の目的のために目標を設定し、その目標を達成するための手段を総合的に提示する行政計画といわれるものであるのに対し、最近みられる計画は、受給者や利用者のニーズに合わせた個別的な性格をもつものです。

たとえば、介護保険の給付を受ける際、利用するサービスの種類および内容、担当者などを定めた居宅介護サービス計画（ケアプラン）の作成がなされるのが通例です。こうした計画は、訪問介護（ホームヘルプサービス）、通所介護（デイサービス）、短期入所生活介護（ショートステイ）といった、個々の受給者や利用者のニーズに合わせて提供される実体的な給付を適正におこなうための手続的な保障と性格づけられます。

ここには、後述する生活困窮者自立支援法における自立支援計画などのように、法律上、明確には「給付」として明文化されていないものがある一方（生活困窮者自立支援法三条二項三号）、居宅介護サービス計画（ケアプラン）費の支給（介護保険法四六条）、計画相談支援給付費の支給（障害者総合支援法五一条の一六以下）など、法律上「給付」として法定化されているものもあります。

先に述べたように、相談支援という手続的な給付の「権利」性は、必ずしも明確といえません。しかし、介護保険のケアプランのように、要介護認定がなされた被保険者に対して、自己負担を必要とせず居宅介護支援（ケアマネジメント）が指定居宅介護支援事業者から提供されるものと明確に法律で定められている場合、計画策定に対する受給者や利用者の利益は、「権利」としてとらえやすいといえるでしょう。

犯罪被害者、矯正施設退所者、DV被害者、がん患者などさまざまな人へ

第二に、従来、社会保障制度を通じての対応がなされてきた老齢、疾病、障害、失業、労働災害などの要保障事由とは別に、最近、社会生活においで生じることのあるさまざまな困難に際し、個別ニーズに配慮した支援の枠組みが設けられるようになってきました。

その具体例として、犯罪被害者に対する被害者支援センターによる相談支援や警察による相談・カウンセリング体制の整備など（犯罪被害者等基本法および犯罪被害者等給付金の支給等による犯罪被害者等の支援に関する法律）、高齢または障害により福祉的な支援を必要とする矯正施設退所者の社会復帰を支援するための地域生活定着促進事業（生活困窮者自立支援法）、ドメスティックバイオレンス（DV）被害者に対する相談支援体制の整備や暴力の防止と被害者保護（DV防止法（配偶者からの暴力の防止及び被害者の保護等に関する法律））、自殺の防止や自殺者の親族などに対する支援（自殺対策基本法）、がん相談支援センターによる治療や療養生活などに係る相談などのがん患者支援（がん対策基本法）などを挙げることができます。

生活困窮者自立支援法

第三に、さまざまな生活上の困難を抱えた生活困窮者(ひきこもり、ホームレスなどを含む)に対する相談支援を軸にすえた立法として、二〇一三年に生活困窮者自立支援法が成立しました。この法律が成立した背景として、一九九〇年代以降、長期失業や潜在的な失業が増大するなかで、基本的に一年以内の短期失業に対処するための雇用保険制度では対応できない事態が一般化してきたことが挙げられます。

社会保障制度には、セーフティネットの機能があるといわれます。最初に発動されるセーフティネットとして、社会保険制度があり、老齢、障害、疾病、失業、労働災害といった保険事故(要保障事由)が発生した場合、所定の保険給付をおこなうことにより、貧困や生活困窮に陥るのを予防することがめざされます(第一のセーフティネット)。そして、実際に貧困に陥った場合、最終的に生活保護制度によって健康で文化的な最低限度の生活が保障されます(最後のセーフティネット)。

これに対し、日本では、高度経済成長期以降、失業率が低く、完全雇用に近い社会がめざされたため、雇用保険の対象とならない(あるいは受給し終えた)長期失業者などの生活保障をおこないながら、就労に向けて支援する本格的な制度(いわゆる第二のセーフティネット)がこれまで存在しませんでした。

二〇一一年に「職業訓練の実施等による特定求職者の就職の支援に関する法律(求職者支援法)」が制定され、はじめてこの間隙《かんげき》を埋めるための恒常的な仕組みが設けられました。この法律は、所定の求職者に対し、基準に適合する職業訓練をおこなうとともに、その間、生活費にあてるための職業訓練受講給付金を支給するものです。

ただし、求職者支援制度は、比較的短期の職業訓練による就労をめざすものです。職業訓練や就職活動をおこなう以前にさまざまな生活上の困難を抱えた生活困窮者に対しては、恒常的な支援策が存在しない状況でした。そこで、増加する生活困窮者に対し、生活保護受給に至る以前の段階で早期に支援することにより、困窮状態からの早期脱却を図ることをねらいとして、二〇一三年に成立したのが生活困窮者自立支援法です。

この法律については、相談支援に焦点をあてた社会保障の新しい流れを象徴する仕組みであるため、第4章3でより詳しく取り上げることにします。

第4章

社会保障は誰のためのものか

第1章2では、社会保障の持続可能性を支える市民的な基盤の脆弱化という課題に対する理論的、そして政策的な対応の二つの側面として、社会保障を支える基盤となる市民・住民意識の希薄化と脆弱化へ対応することの必要性という問題と、そうした市民・住民意識を涵養するための下支えとなり得る社会保障の理念的な基盤を提示することの必要性という課題をあきらかにしました。このうち、後者については第2章で論じたので、以下では、前者について触れ、社会保障を支える基盤となる市民・住民意識の希薄化と脆弱化という事態への、社会保障制度改革による対応の必要性について考えていくことにします。

私の見方では、人びとの社会保障制度に対する不信感や不公平感が根深く存在することが大きく関係しているのではないかと考えられます。

1　不信感と不公平感

財政への不安

社会保障に対する不信感は、第一に、超少子高齢社会、人口減少社会を迎え、将来的に、いまの給付水準を維持できなくなるのではないかという、人びとの財政面に対する不安や不信に由来するものと考えられます。こうした疑念が、社会保障制度への信頼を揺るがしていることは否定できません。とりわけ若年世代に、こうした不信感(あきらめといったほうが正確かもしれません)が強いことは、日頃から若い学生と接する大学教員として、実感しているところです。

したがって、社会保障を支えようとする市民・住民意識の涵養を通じての市民的な基盤の確保という観点から必要とされるのは、まずもって財政面での持続可能性の確保を図るための社会保障制度改革であるといえます。

「受益と負担の均衡がとれた持続可能な社会保障制度の確立を図る」ことを法目的として定めた二〇一二年社会保障制度改革推進法(同法一条)の規定(同法四条)にもとづき「工程表」が示されたように、医療、介護、年金分野を中心に、すでにこの点を意識した制度改革がおこなわれてきました。社会保障給付費が、高齢化や医療技術の進展などにともない、毎年自然と増えていく一方、経済成長による税収の大幅な拡大が当然には見込めないことからすれば、今後とも不断の制度改革をおこなっていく必要があることは言うまでもありません。

以下では、給付費の抑制が今後ますます重要な課題となっていくことが確実な、医療および介護分野を取り上げ、具体例もまじえて考えてみたいと思います。

医療分野での社会への包摂支援

医療分野においては、「平等」の契機が他の社会保障分野よりも重視される傾向にあります。「生命」や「健康」といった、人にとって至高の価値にかかわる分野だからです。人の命の重さに軽重はない、という命題に、正面切って異論をさしはさむことはむずかしいでしょう。

このことから派生して、次の二つの点を指摘することができます。

第一に、健康の維持・増進、疾病予防などを、社会保障制度として位置づけ、その枠内にとらえることがより容易になります。すでに何度も述べたように、伝統的に社会保障は、困窮の原因となるべき一定の社会的事故ないし要保障事由の発生に際してなされる、所得保障を中核としてとらえられてきました。これに対し、現在では、予防—治療—リハビリテーションからなる一連の過程をとらえた「医療保障」の理念が登場し、これを社会保障のなかに含める見方が一般的です。医療が、生命や健康といった究極的な価値を扱う分野であることから、要保障事由の一種としての疾病の発生を必ずしも前提とせず、それを招かないようにするための疾病予防、健康増進の重要性を、より容易に根拠づけることができるのです。

このことはまた、個人の自律の支援を社会保障の目的ととらえるこの本の立場からは、「予防」を、病気に罹患しない(つまり疾病リスクが現実化しない)ようにするための手段として消極的にのみとらえるのではなく、健康の増進を通じての社会への包摂支援という積極的な意味合いでとらえることを可能にします。ただし、社会保険である医療保険において、保険事故(疾病)の発生に至らない予防段階で、どこまでの対応を保険給付としておこなうことができるかについては、また別の考慮を必要とします。

最適水準保障の医療

第二に、医療分野において求められる保障水準です。

社会保障制度において保障されるべき給付水準については、最低水準(ミニマム)保障という考え方があります。憲法二五条一項にいう「健康で文化的な最低限度の生活」水準と密接にかかわることから、法的にも意味のある水準ということができます。生活保護制度の要否の判断基準でもあり、支給額の基準でもある生活保護基準は、この水準と直接的な関連性をもつといえます。

これに対し、医療分野で保障されるべきなのは、最適水準(オプティマム)保障であるという考え方が広く展開されてきました。医療保障の場面では、ミニマムを超えたオプティマムの保障が法的に求められる(つまりそうした保障水準を憲法二五条一項の規範内容に読み込むことができる)というのです。たしかに、たとえば脳死者を含む移植用心(臓)採取術と同種心(臓)移植術といった高度な医療技術を保険適用の対象にしている医療保険制度は、もはやミニマム保障水準を超えているといえるかもしれません。

高額薬剤をどう扱うか

しかしながら、医療分野においては、医学の急速な進歩や高度化にともない、財政上の限界との兼ね合いで、こうした考え方をどこまで維持できるかが重要な課題となってきています。二〇一四年に発売され、保険収載《しゅうさい》され医療保険の適用対象となった抗がん剤オプジーボは、当初、適応症とされた皮膚がんのみならず、肺がんなどにも広く有効性が認められたものの、非常に高額な価格が医療保険財政の負担になることが懸念されたため、二〇一七年、薬価が大幅に引き下げられました。

画期的な新薬の開発が、将来にわたって次々と見込まれるなかで、保険収載の際の価格設定の仕方の工夫(薬価の大幅な引き下げ)だけでは問題を解決できないのではないかという危惧があります。安全性や有効性の観点からの薬事承認（薬機法〔医薬品、医療機器等の品質、有効性及び安全性の確保等に関する法律〕）と保険収載を、これまでのように無条件で連動させるべきか否か、あるいは保険の適用対象とする場合の条件などにつき、しっかり議論する時期に来ています。

たとえば、保険診療と保険外診療を組み合わせる混合診療は、差別診療（医療費の支払い能力のある人が優先的に治療を受けられる事態）の防止とともに、安全性と有効性の面からも、原則として禁止され、保険外併用療養費（健康保険法八六条、国民健康保険法五三条）として例外的に認められるにとどまってきました。この制度のもとでは、新薬の投与の部分が保険外診療として自己負担となり、この仕組みを活用することで、医療費の抑制と、新薬や医療機器の開発促進の双方を図ることができるという考え方があります。

私としては、画期的な治療効果のある新薬が、高額であるがゆえに保険の対象外となることは、平等の契機が尊重されるべき医療分野において、基本的に適切とは思われません。しかし、そう主張するだけでは、高額薬剤をめぐる費用負担の問題が解決されないこともまた事実です。

国民皆保険が実現した一九五八年国民健康保険法改正当時と現在では、医療水準に格段の差が生じています。日本が採用してきた「国民皆保険」は、もはや医療保険でカバーすべき人の範囲の問題ではなく、医療保険でカバーすべき給付の範囲の問題へと移行したといえるでしょう。このことをしっかり認識し、財政上の制約も踏まえ、生命と健康というかけがえのない価値と費用負担の相克にかかわるこうした議論に、正面から向き合う必要があります。

介護保険改革

介護保険については、二〇一四年改正により、地域包括ケアシステムの構築に向けた取り組みとして、市町村が主体となる地域支援事業の再編がおこなわれました。高齢者の社会参加が生活支援の担い手につながるという観点から、市町村による生活支援と介護予防の基盤整備を可能にする一方で、従来、要介護状態に至らない要支援者に対して全国共通の保険給付となっていた介護予防サービスのうち、介護予防訪問介護と介護予防通所介護(デイサービス)を保険給付の対象からはずし、市町村が独自におこなう地域支援事業へと移行しました。

介護保険は、二〇〇〇年の実施以来、順調に普及してきました。二〇一九年度厚生労働省予算案(一般会計)の社会保障関係費三一兆五九三七億円のうち、介護費は三兆二三〇一億円であり、一割を超えるに至っています。また、前年度比伸び率は三・七%で、年金費三・一%、医療費一・六%を上回っています。

その反面、将来的な介護費用の伸びをいかに抑制するかが、重要な課題となってきました。

日本の介護保険制度は、身体介助にとどまらず生活援助サービスなども含む広範な給付をカバーしており、そのことが要介護高齢者およびその家族の自立に役立ったという面もあります。しかし、社会保障財源に限界がある以上、今後は給付の対象者や給付の中身について、さらなる精査が必要です。

他方、介護分野の場合、医療のように技術進歩による費用増大という面ではなく、長寿化と高齢化や、家族形態の変化（単身世帯化を含む）による影響で、公的介護制度に頼らざるを得ない状況がますます進展することが避けられません。先に述べた地域包括ケアシステムの進展および深化や、この本で注目している地域共生社会の展開により、地域での支え合い力の向上などを通じて、結果論ではあるにせよ、公的介護費用の増加を一定程度おさえる効果が見込まれるかもしれません。

学生の感覚

以上、医療・介護分野を例に挙げたように、社会保障をめぐる厳しい財政状況のもと、給付範囲の見直しが避けられないとしても、現状の給付水準の低下や切り下げの影響を受ける人びとにとって、そうした見直しは、ただちには容認できないものでしょう。しかし、後に述べる

（とりわけ世代間における）不公平感とも重なる市民感覚として、社会保障制度を財政的に支える側に立つ人びとの制度に対する不信感は、マグマのように相当の量で溜まっているように感じられます。

これからの日本を支えていくことが期待される若い学生のあいだで、将来、公的年金制度が財政的に維持できなくなり、自分たちが高齢になったときにはどうせもらえない（あるいは公的年金に期待することはできない）だろうと考えている人たちは、少なくないように思われます。社会全体の年金制度を支える力の変化（被保険者数の減少分）と、平均余命の伸びにともなう給付費の増加というマクロでみた給付と負担の変動に応じて、自動的に給付額を調整するマクロ経済スライドの仕組みを説明し、簡単には破綻しない仕組みになっていると、講義において丁寧に伝えることで、ある程度の納得を得ることができます。しかし、そうした講義を受ける機会のない一般の若者がもつ不信感（というより、あきらめの感覚）は、おそらく相当大きいのではないかと想像されます。

思想の欠如

財政面への不安以外に考えられる不信感の要因としては、社会保障を支える思想（理念的な根拠づけ)の欠如が挙げられます。第3章で触れたように、憲法二五条が規定する生存権の理念あるいは「健康で文化的な最低限度の生活」保障が想定する水準を、大きく上回る社会経済的な発展段階に至った日本において、依拠すべき新たな思想あるいは理念が、いまだに明確になっていないのが現状です。そうした基盤がない状況では、その時々の政治的な、そして経済的な状況に左右される場当たり的な制度改正となりかねず、そうしたアドホックな対応が、社会保障に対する不信感をさらに増長することになりかねません。

後に述べるように、最近、「高齢者中心型」社会保障モデルから「全世代型」社会保障モデルへの転換が有力に唱えられており、それ自体、適切な方向性であると思われます。ただし、そもそもなぜ社会保障制度が必要とされるのか、といった根源的な問いかけに丁寧に答えていく努力も、社会保障制度が大きな転換点を迎えている混迷の現代にあっては、必要ではないでしょうか(この点につき、私は第2章で新たな理念を提示しました)。

公平とは

次に、社会保障制度にまつわる不公平感について考えてみましょう。

私には、社会保障制度をめぐる不公平感が、人びとのあいだに目に見えない障壁を形成しており、これを打破することが必要ではないかと思われます。

経済学では、公平と効率とのトレードオフということがいわれます。この場合、公平性を実現するために、所得再分配がおこなわれることになります。

また租税理論では、公平性は水平的公平(同じ経済力をもつ個人や家計は、同一額の税を負担するのが公平にかなうという考え方)と垂直的公平(異なった経済力をもつ個人や家計は、負担能力が高いほど税額が多くなるのが公平にかなうという考え方)という、二つの基準から説明されます。

世代間の不公平

これに対し、社会保障制度における公平性は、多くの場合、負担と給付との適正なバランスの問題としてとらえられています。その際、超少子高齢社会、人口減少社会の到来を迎え、世代間の(不)公平が大きな争点となっている点が特徴的です。

この世代間不公平とは、日本の社会保障が高齢者中心型であったことに由来する現役・若年世代にとっての不公平感を意味しています。

たとえば、二〇一四年度において、社会保障給付費一一二兆一〇〇〇億円余のうち、年金、高齢者医療、老人福祉サービス、高年齢雇用継続にかかわる高齢者関係給付費が六七・九%を占めていました。七割近くもの社会保障給付費が、高齢者に向けられていたのです。安倍政権下で設置され、有識者委員により構成された社会保障制度改革国民会議が、二〇一三年にまとめた報告書において、現役世代は雇用、高齢者世代は社会保障という意味での年金、医療、介護中心の高齢者中心型「一九七〇年代モデル」から、年金、医療、介護の前提となる現役世代の「雇用」、「子育て支援」、「低所得者・格差」、「住まい」の問題なども社会保障の課題としてとらえる全世代型「二一世紀(二〇二五年)日本モデル」への転換を図ることとされたのも、こうした世代間の公平に対する配慮とみることができます。

当たり前のことですが、社会保障制度は、基本的には給付の仕組みです。しかし、そのための財源を誰かが負担しなければなりません。この負担を、高齢者世代が現役世代や将来世代に過度につけ回すのは、世代間の公平を著しく毀《き》損《そん》することになり、社会保障を下支えする市民的な基盤をきわめて脆弱なものにしかねないということは、容易に理解できるでしょう。そのためには、支える側としての現役世代と、支えられる側としての高齢者世代といった二分法的思考ではなく、誰もが支える側にも受け取る側にもなり得るという前提での制度設計や、誰もが痛みを分かち合いながらも納得できる制度改革が求められます。このことは、次に述べる世代内の公平との関係でも当てはまります。

社会的弱者の側の不公平感

社会保障制度における公平性は、世代間のみならず世代内においても争点となってきています。この世代内の不公平も、二つの側面からとらえることが可能です。

第一に、子どもの貧困や非正規雇用などに象徴される、格差や貧困の拡大および固定化に起因する社会的、経済的な弱者の側の不公平感です。この点については、先に紹介した社会保障制度改革国民会議報告書が、これまでの年齢別負担から負担能力別負担への転換に言及しており、高齢者を一律負担減の対象とするのではなく、世代を問わず、また同世代のなかで負担能力に応じた負担を求めることが公平にかなうという見方を提示しています。たとえば、二〇一七年介護保険法改正により、一定以上の所得がある利用者の自己負担が、原則一割から三割へと引き上げられた改正は、この系譜に連なるものといえます。

最近、子どもの貧困との関連で、少しずつ社会的理解が広まりつつあるのを感じますが、大きな所得格差や、機会の不平等の背景には、個人の努力によってはいかんともしがたい社会構造的な要因や、生育した家庭環境の問題があることを否定できません。この本の依拠するリベラリズムの論客であり、著名な政治哲学者であるジョン・ロールズの言うところの「無知のヴエール」の下では、誰もが自分では選びようのない不遇な環境におかれる可能性もあり得たと考えれば、将来的に貧困や生活困窮に至らしめる可能性の高い養育環境を、個人の責任あるいは自己責任で簡単に片づけるわけにはいかないと思われます。

中間層以上の不公平感

第二に、世代内の公平の問題を考えるにあたって意外に重要だと思われるのが、一定以上の所得がある中間層以上の現役世代(拠出者、納税者)が抱く不公平感です。

最近の社会保障制度改革では、これらの人びとは、たび重なる負担引き上げの対象となり続ける一方、給付面での恩恵を受けている実感を十分にもつことができていません。この点に着目して、救済に値する人への支援だけを再分配政策と決めつける「救済型の再分配」が分断をまねく旨を喝破する、財政学者である井出英策氏(慶應義塾大学教授)らの見解には、私も大いにうなずけるところがあります。

具体例を挙げると、二〇一四年改正により、健康保険などの被用者保険の各保険者から七五歳以上の高齢者が加入する後期高齢者医療制度に向けて、現役世代からの「仕送り」として拠出される後期高齢者支援金の負担の配分が変更されたことが挙げられます。

後期高齢者支援金は、現役世代が加入する医療保険の各保険者（健康保険、公務員共済組合などの被用者保険と国民健康保険）が被保険者から徴収する保険料によってまかなわれ、当初は、これらの各保険者が〇歳から七四歳までの加入者数に応じて負担することとしていました。

しかし、健康保険のうち中小・零細企業被用者が加入する全国健康保険協会が運営する健康保険（協会健保）を財政的に支援するという趣旨で、被用者保険の保険者が負担する後期高齢者支援金の三分の一につき、被用者保険の総報酬に応じて負担する措置（総報酬割）を、二〇一〇年に導入したのに続き、二〇一五年医療保険法改正により、総報酬割の割合を段階的に引き上げ、二〇一七年度以降、全面的に総報酬割へと移行しました。この改正により、一人あたりの報酬額が高く、大企業に勤務する被用者が加入する健康保険組合（健保組合）の被保険者の保険料負担が重くなったのです。

後期高齢者支援金の重荷

二〇一九年度予算早期集計によると、健康保険組合全体の保険料収入八兆一一三二億円に対し、後期高齢者支援金は一兆九八二二億円と二四・四三％を占めるに至っています（健康保険組合連合会ホームページによる）。集めた保険料の約四分の一が、組合員ではない七五歳以上の後期高齢者への「仕送り」に充てられているのです。

このほかにも、六五歳から七四歳までの前期高齢者の医療費を支えるための納付金として、一兆四五八九億円の支出が予定されており、合わせて四二・四一％に及びます。経常収支は九八六億円の赤字が見込まれ、六割超の組合が赤字です（この世代間「仕送り」の仕組みの評価は、世代間の公平にかかわる問題でもあります。その評価と対応策については、「おわりに」のなかであらためて述べます）。

協会健保も健保組合も、保険料率を自主的に決定できることになっています。しかし、健保組合としては後期高齢者支援金の負担が重く、保険料率を引き上げざるを得ない状況で、いまでは協会健保の全国平均の保険料率（二〇一九年度の全国平均で一〇・〇％）を上回る健保組合も少なくありません。基本的に保険料財源での運営を求められる健保組合よりも協会健保に手厚い公費負担が投入されていることから、健保組合を解散し、協会健保に加入する企業も増えてきています。

このままでは将来、財政的に豊かな一部の健保組合だけが存続し、大多数の企業従業員は協会健保に所属するという事態にならないとも限りません。仮にそうなった場合、かつては日本の代表的な企業年金の仕組みであった厚生年金基金が、バブル経済の崩壊後、運用実績が予定利率を下回り、利差損が発生して大幅な積み立て不足を生じ、現在では財政的に健全なごく一部の基金の存続が認められるに過ぎないように、健保組合も例外的な存在となり、その存在の正当性自体が問われることにもなりかねません。

このように、単に不公平感の助長という理念的なレベルにとどまらず、具体的な仕組みの存続というレベルでも、医療保険の基盤は、安定的なものとはいえない状況になりつつあります。

介護保険にも総報酬割

総報酬割は、二〇一七年介護保険法改正により、介護保険第二号被保険者（四〇歳以上六五歳未満の医療保険加入者）の加入する被用者保険において課される介護納付金（こちらも四〇歳以上の現役世代から高齢者世代への「仕送り」といえます）にも導入されました。

当初、医療保険の保険者が、介護保険第二号被保険者である加入者の数に応じて負担していたのを、段階的に各保険者の第二号被保険者標準報酬総額に比例した負担に切り替え、二〇二〇年度から全面的に総報酬割に移行することにしました。これもまた、相対的に所得水準の高い中間層以上の現役世代に負担を求める制度改正といえます。

税制面での扱い

税制面においても、同様の傾向がみられます。

たとえば、二〇一七年度税制大綱(二〇一六年一二月二二日閣議決定)において、「経済の成長力の底上げのため、就業調整を意識しなくて済む仕組みを構築する観点から」、配偶者控除および配偶者特別控除の見直しがなされました。具体的には、所得控除額三八万円の満額控除を受けられる対象となる配偶者の給与収入金額の上限を一五〇万円(合計所得金額八五万円)に引き上げ、控除額の逓減《ていげん》により、配偶者の給与収入金額が約二〇一万円(合計所得金額一二三万円)で控除対象外としました。また、納税者本人に所得制限を導入し、給与収入金額一一二〇万円(合計所得金額九〇〇万円)で控除額が逓減を開始し、一二二〇万円(合計所得金額一〇〇〇万円)で控除対象外としました。

普遍的な子ども・子育て支援を

直近の制度改正をみると、安倍政権のもと、二〇一七年一二月八日閣議決定「新しい経済政策パッケージ」で「人づくり革命」が謳われて以降、消費税率引き上げ財源の使途をめぐって、幼児教育の無償化、待機児童の解消、高等教育の無償化など、公的支援により子どもの養育環境の整備を図っていくという方向性が顕著にみられるようになっています。二〇一九年子ども・子育て支援法改正では、三歳から五歳まで(小学校就学前まで)の子どもに対する教育・保育費用と、〇歳から二歳までの住民税非課税世帯で保育の必要性がある子どもに対する保育費用を無償化するための新たな給付(子育てのための施設等利用給付)が創設されました。

この改正に対しては、「高所得世帯ほど恩恵を多く受ける」ことになるとして、一部マスコミなどで批判がなされました。保育料は応能負担であるため、所得が高い世帯ほど保育料が高く、無償化することでより大きな経済的メリットを得られるのは、たしかにそうした世帯であることは間違いありません。しかし、公費負担という観点からみると、もともと低所得世帯には手厚い補助がなされており、トータルで考えれば高所得者優遇という批判は必ずしも的を射たものとはいえません。また、子ども自身に着目すると、すべての子どもの「育ち」を支援するという意味では、分け隔てなく平等という見方もできます。民主党政権下で公費の無駄遣いとして批判され、二年で廃止を余儀なくされた「こども手当」への冷たい世論が脳裏をよぎります。

すでに述べてきたように、この期におよんで、まだ中高所得層優遇を批判するのは、社会保障制度を通じた恩恵を受けていることを実感できない人びとの負担感、不公平感をますます強めることになるのではないでしょうか。

したがって、認可外施設などサービスの質をどう担保するかなど課題は残るものの、私は、こうした方向での二〇一九年の改正には、基本的には「高齢者中心」型社会保障モデルからの脱却を図る動きとして、積極的に評価してよい面があると考えます。ただし、最近の施策においてめざされている子ども・子育て支援策の強化は、日中、子どもを保育する保護者がいない世帯に焦点を合わせた待機児童対策に象徴されるように、子育て世代の就労支援と結びついたものに重心がおかれているように思われます。たとえば、先に紹介した二〇一九年改正によれば、三歳から五歳までのすべての子どもたちの幼稚園、保育所、認定こども園などの費用を無償化する一方で、〇歳から二歳児までの家庭内での育児の支援については、一時預かり事業やファミリー・サポート・センター事業も含まれてはいるものの、住民税非課税世帯の子どもたちにとどまっています。

恩恵を実感できる仕組みを

このように、さまざまな施策が積み重なって、中間層以上の現役世代のもつ不公平感は、政治的に大きな声となって常に発信されるわけではないものの、マグマのように社会の底流に充満しているように感じられてなりません。そうした不満が、時折、生活保護世帯の不正受給に対するバッシングのように、思いがけず顕在化してくるのではないかと危惧されます。

この不公平感は、端的にいえば、自分なりに努力し、稼いだお金を、社会保険料や税金のかたちで、人並みあるいはそれ以上に政府に納めているにもかかわらず、目に見えるかたちでの「見返り」を実感できないどころか、常に追加的な負担のターゲットにされ続けているという不満に起因しているのではないかと思われます。このことは、かえって社会の分断を招きかねないのではないでしょうか。

こうした現状を打開するための取り組みとして、中間層以上の現役世代が、財政負担の担い手であると同時に、社会保障の恩恵を受けていることを実感できる仕組みづくりが必要です。先に挙げた普遍的な子ども・子育て支援策も、そのひとつに数えられるでしょう。子どもを養育する世帯あるいは子ども自身を支援対象として、保育施設の増設にとどまらない、家庭内保育への相談支援や経済的給付を、所得にかかわらず、普遍的な支援・給付としておこなっていくことが検討されてよいのではないかと考えます。

このほか、マクロ経済スライドによる公的年金給付水準の将来的な低下が見込まれるなかにあって、企業年金や個人年金といった私的所得保障手段の充実が課題となります。二〇一六年確定拠出年金法等改正により、個人型確定拠出年金(IDeCo)につき、国民年金第三号被保険者、企業型確定拠出年金加入者および公務員等共済加入者も加入対象とするなど、現役世代の自助による取り組みの支援措置が拡大されたのも、こうした観点から積極的に評価できます。今後さらに、拠出限度額の引き上げ、一時金ではなく年金化への促進、確定給付企業年金における受給権保護を図るための支払保証制度の導入などが検討されて然るべきでしょう。

ただし、私的な所得保障手段を十分確保することがむずかしい低年金者に対する公的な対応については、二〇一九年一〇月に導入される年金生活者支援給付金にとどまらず、さらに検討する必要があります。

こうした対策を積極的に講じることによってこそ、お互いに配慮し合う持続可能な社会保障のための市民的な基盤の再構築が、展望できるという面があるのではないでしょうか。

2　地域共生社会の構想

障害者をめぐる法制度

社会保障の持続可能性を支える社会的な基盤を、地域に着目して再構築するというこの本の視角から、最近の政策動向をみた場合、地域共生社会の構想に向けた取り組みが注目されます。この構想は、二〇世紀型社会保障から二一世紀福祉社会への転換に向けた、重要なカギを握る構想となる可能性を秘めています。

この地域共生社会の構想に向けた政策的な取り組みの動向として、三点を指摘しておきます。

第一に、障害者法制における改革が挙げられます。

二〇〇六年一二月、国連で障害者権利条約が採択され、日本政府も、二〇〇七年九月、条約に署名し、その後、条約批准に向けて取り組んできました。二〇〇九年における民主党政権の樹立が、こうした動きを加速させたといえます。具体的には、同年一二月閣議決定により、障がい者制度改革推進本部が設置されたのに続き、翌年一月、同本部のもとに障がい者制度改革推進会議が設けられ、総合福祉部会と差別禁止部会において精力的に議論を積み重ねました。そして、二〇一二年障害者自立支援法改正による障害者総合支援法(障害者の日常生活及び社会生活を総合的に支援するための法律)への名称変更、二〇一三年障害者差別解消法(障害を理由とする差別の解消の推進に関する法律)制定および障害者雇用促進法改正による差別禁止アプローチの導入などの一連の障害者制度改革へと結びつきました。

こうした制度改革の先鞭をつけるかたちで、二〇一一年に障害者基本法が改正されました。

この改正では、従来の「障害者の福祉を増進する」という法目的に代えて、「全ての国民が、障害の有無にかかわらず、等しく基本的人権を享有するかけがえのない個人として尊重されるものであるとの理念にのっとり、すべての国民が、障害の有無によって分け隔てられることなく、相互に人格と個性を尊重し合いながら共生する社会を実現する」という法の理念・目的を明文化し（同法一条）、福祉の増進そのものではなく、それによる個人の尊重と共生社会の実現に焦点をあてました。そして、「全て障害者は、可能な限り、どこで誰と生活するかについての選択の機会が確保され、地域社会において他の人々と共生することを妨げられないこと」を、法の基本原則として規定したのです（同法三条二号）。

地域包括ケアシステム

第二に、地域包括ケアシステムの構築に向けた一連の法改正が挙げられます。最近の高齢者医療・介護をめぐる政策は、地域包括ケアシステムの構築に向けた取り組みがひとつの軸となっています。

地域包括ケアシステムとは、「地域の実情に応じて、高齢者が、可能な限り、住み慣れた地域でその有する能力に応じ自立した日常生活を営むことができるよう、医療、介護、介護予防……、住まい及び自立した日常生活の支援が包括的に確保される体制」（「持続可能な社会保障制度の確立を図るための改革の推進に関する法律」四条四項）をいいます。この定義に示されるように、地域包括ケアシステムは、個別の制度や分野で完結するものではなく、医療、介護、介護予防、住まい、生活支援など、領域横断的な展開が期待されています。

具体的には、二〇〇五年介護保険法改正による予防重視型システムへの転換（地域における包括的・継続的ケアマネジメントをおこなう地域支援事業の創設など）、新たなサービス体系の導入（身近な地域で、地域の特性に応じた多様で柔軟なサービス提供をおこなうための地域密着型サービスの創設、地域における総合的なケアマネジメントを担う地域包括支援センターの創設など）に端を発し、その後、二〇一一年同法改正により、二四時間対応の定期巡回・随時対応の訪問介護看護サービスの創設、複合型サービスの導入などがおこなわれました。

二〇一四年医療介護総合確保推進法では、いわゆる団塊の世代が後期高齢者になる二〇二五年を見すえて、病院完結型から地域完結型の医療に改めるため、都道府県による地域医療構想の策定を定めるとともに、地域支援事業の充実が図られ、その一環として予防給付（訪問介護、通所介護）を地域支援事業へ移行しました。さらに二〇一七年介護保険法等改正により、自立支援と重度化防止に向けた保険者機能の強化などの取り組みの推進（市町村が自立支援や重度化防止に向けて取り組む仕組みの制度化）、高齢者と障害児者が同一事業所でサービスを受けやすくするための共生型サービスの導入などがなされています。この共生型サービスは、第一に挙げた障害者施策と、高齢者施策を結びつける端緒となることが期待されると同時に、制度ごとの縦割りを排するという意味で、次に挙げる地域共生社会にも連なるものです。

地域力強化に向けて

第三に、包括的な地域の基盤づくりに向けた地域力強化に向けての検討と、生活困窮者自立支援法の制定に至るまでの一連の政策動向が挙げられます。

厚生労働省「『地域共生社会』の実現に向けて（当面の改革工程）」（二〇一七年二月七日）において、公的支援のあり方を「縦割り」から「丸ごと」へと転換する改革の必要性や、つながりのある地域をつくる取り組みを、地域住民の主体性にもとづいて「他人事」ではなく「我が事」としておこなうことの重要性が指摘されました（第6章1）。そのうえで、二〇一七年介護保険法等改正では、「我が事・丸ごと」の地域づくり、包括的な支援体制の整備のための社会福祉法改正がなされました。

地域福祉の推進

この社会福祉法改正の内容としては、まず、「我が事・丸ごと」の地域福祉推進の理念を明確化し、「地域住民、社会福祉を目的とする事業を経営する者及び社会福祉に関する活動を行う者（以下「地域住民等」という。）」に対し、「相互に協力し、福祉サービスを必要とする地域住民が地域社会を構成する一員として日常生活を営み、社会、経済、文化その他あらゆる分野の活動に参加する機会が確保されるように、地域福祉の推進に努めなければならない」との責務を課しました（社会福祉法四条一項）。

また、地域福祉の推進にあたっては、「福祉サービスを必要とする地域住民およびその世帯が抱える福祉、介護、介護予防……、保健医療、住まい、就労及び教育に関する課題、福祉サービスを必要とする地域住民の地域社会からの孤立その他の福祉サービスを必要とする地域住民が日常生活を営み、あらゆる分野の活動に参加する機会が確保される上での各般の課題（以下「地域生活課題」という。）を把握し、地域生活課題の解決に資する支援を行う関係機関（以下「支援関係機関」という。）との連携等によりその解決を図るよう特に留意するものとする」と規定し（同条二項）、地域住民を対象にして、地域生活課題の把握と解決のための取り組みをうながす規定をおきました。

地域づくりの視点

こうした理念を実現するため、社会福祉法は、包括的な支援体制づくりを市町村の努力義務とすること(同法一〇六条の三)に加えて、市町村地域福祉計画および都道府県地域福祉支援計画の策定を努力義務とする改正(同法一〇七条、一〇八条)をおこないました。

具体的には、市町村によって整備されるべき包括的な支援体制として、以下の三点があります。①地域福祉に関する活動への地域住民の参加をうながす活動をおこなうものに対する支援、地域住民等が相互に交流を図ることができる拠点の整備、地域住民等に対する研修の実施その他の地域住民等が地域福祉を推進するために必要な環境の整備に関する事業(地域力強化推進事業)。②地域住民等がみずから他の地域住民がかかえる地域生活課題に関する相談に応じ、必要な情報の提供および助言をおこない、必要に応じて、支援関係機関に対し、協力を求めることができる体制の整備に関する事業(同事業)。③生活困窮者自立相談支援事業をおこなうものその他の支援関係機関が、地域生活課題を解決するために、相互の有機的な連携のもと、その解決に資する支援を一体的かつ計画的におこなう体制の整備に関する事業(他機関の協働による包括的支援体制構築事業)。

これらの規定にみられるように、「地域づくり」の視点が明確に打ち出されたことは、注目に値します。後に述べるように(第6章2)、住民に責務や負荷を課すことを通じて政策目的を達成する手法には慎重である必要があるものの、ここには、行政が給付をおこない、住民が支給を受けるという一方向的な関係性ではなく、地域住民の主体的な活動を見すえた行政による支援という、住民と行政との新たな関係性をみて取ることができます。そして、ここにいうさまざまな地域生活課題を解決するための連携や支援に資する事業として期待されているのが、生活困窮者自立支援法にもとづく各事業です。

二〇一五年度より実施された生活困窮者自立支援制度は、地域共生社会の構想を実現するためのカギになるとともに、相談支援を中核にすえた二一世紀福祉社会における新しい社会保障のアプローチを象徴する制度です。そこで、次に、生活困窮者自立支援法の概要とおもな事業についてまとめておきましょう。

3 生活困窮者自立支援法がもたらしたもの

「生活困窮者」の定義の拡がり

生活困窮者自立支援法は、その定義上、「生活困窮者」を対象としているため、地域住民全体の地域生活課題を解決するための一般的な法律とはなっていません。ただし、二〇一八年の同法改正により、基本理念と定義の明確化が図られた点が注目されます。

まず第一に、この法律の三条において、「生活困窮者」の定義上、従来の「現に経済的に困窮し、最低限度の生活を維持することができなくなるおそれのある者」という文言の前に、「就労の状況、心身の状況、地域社会との関係性その他の事情により、」という文言を加えました。依然として経済的な困窮が前提ではあるものの、それをもたらす要因と関連づけることにより、条文の解釈上、経済的な困窮の度合いが相対化される余地を生じた点が重要です。問題の背景を踏まえた早期の予防的な支援も、法律の枠組みのなかでおこないやすくなったと考えられ、このことは、経済的な困窮を前提としない社会的排除(social exclusion)の本来的なとらえ方からすると、一歩前進したと評価できます。

第二に、基本理念を謳《うた》う新設の二条二項で、「生活困窮者に対する自立の支援は、」地域における関係機関「及び民間団体との緊密な連携その他必要な支援体制の整備に配慮して行われなければならない」と規定した点も注目されます。文言上は必ずしも明確ではありませんが、この点は、生活困窮者への自立の支援とならんで、生活困窮者自立支援法のもうひとつの本来のねらいである「地域づくり」の視点を条文化したものです。この章の2で述べた二〇一七年社会福祉法改正と相まって(社会福祉法一〇六条の三)、生活困窮者自立支援制度を重要な推進力として、地域づくりが展開されていくことが期待されます。

一人ひとりの状況に応じた自立相談支援事業

生活困窮者自立支援法では、都道府県および市等(市および福祉事務所を設置する町村)がおこなわなければならない必須事業として、生活困窮者自立相談支援事業を定めています(同法四条一項)。

これは、①就労の支援その他の自立に関する問題につき、生活困窮者および生活困窮者の家族その他の関係者からの相談に応じ、必要な情報の提供および助言をし、関係機関との連絡調整をおこなう事業、②生活困窮者に対し、就労訓練事業の利用についてのあっせんをおこなう事業、③生活困窮者に対する支援の種類および内容などを記載した計画(自立支援計画)の作成、その他の生活困窮者の自立の促進を図るための支援が包括的かつ計画的におこなわれるための援助のための事業です(同法三条二項)。二〇一八年改正により、福祉事務所を設置していない町村であっても、生活困窮者に対する一次的な相談を実施する場合、国による費用の補助がなされることになりました。個別的かつ包括的な相談支援をおこなう事業主体としては、都道府県では広域に過ぎることから、少なくとも各町村単位で地域に根ざした相談が実施されることが望ましいといえます。

包括的な相談支援をおこなうため、一人ひとりの状況に応じた自立支援計画を作成する点に、自立相談支援事業の特徴があります。二〇一四年施行後の約二年間で、新規相談者約四五万人のうち、自立支援計画作成による継続的な支援をおこなった人は一二万人近くにおよび、このうち就労や増収した人が約六万人という支援状況が報告されています（社会保障審議会生活困窮者自立支援及び生活保護部会第一回資料）。これまで公的な支援の対象になっていなかった相当数の人びとが相談につながり、就労や増収についても一定の効果がみられることがわかります。

就労に向けた準備

次に、各自治体が任意におこなうことのできる事業がいくつか定められています。このうち就労準備支援事業は、雇用による就業が著しく困難な生活困窮者に対し、一定の期間、就労に必要な知識および能力の向上のために必要な訓練をおこなう事業とされています（同法三条四項）。

生活困窮者自立支援制度は、ハローワークで自分に合う仕事を探したり、職業訓練を受けて技能を高めることがただちにはむずかしい人びとを、正面から支援対象とする仕組みです。そのなかで就労準備支援とは、就労支援の前段階に位置づけられるところの、中間的就労（公共施設の清掃、農作業など）やボランティア的な社会活動などを含めた支援です。

こうした支援をひとつのステップとして、ゆくゆくは一般就労にまで至ることで、支えられる側から支える側になる可能性があることに加えて、たとえ一般就労に至らなくとも、社会とのつながりをもつことで社会的な包摂が図られ得るという意味で重要な事業ということができ、今後は必須の事業にすべきでしょう。ただし、二〇一八年改正では、後に述べる家計改善支援事業とともに、都道府県および市等の努力義務にとどまっています（同法七条一項）。

住まいを提供

次に、一時生活支援事業は、住居をもたないホームレスの人に対する宿泊場所の供与、食事の提供など（いわゆるシェルター）をおこなう事業です（同法三条六項）。

いわゆるホームレス問題については、二〇〇二年に一〇年の時限立法としてホームレス自立支援法（ホームレスの自立の支援等に関する特別措置法）が制定され、国による基本方針の策定、都道府県による同方針に即した実施計画の策定、国による財政措置にかかる努力義務といった規定がおかれました。この法律は、二〇一二年改正で五年延長され、二〇一七年改正により、さらに一〇年延長されています。

法律にもとづく国の全国調査によれば、二〇〇三年二万五二九六人、二〇一七年五五三四人と、ホームレスの人数は減少傾向にあります。ただし、「路上」生活ではなく、ネットカフェなどで起居し、定住場所をもたないかたちに「不可視化」しているという指摘もあり、住居をもたない生活困窮者の問題が解決の方向にあるというわけではありません。ホームレスの人についても、高齢化や路上生活の長期化を含む多様な生活課題を抱えている人たちが多く、単に雨風をしのぐためのシェルターを提供するにとどまらず、一定の支援や見守りが必要であることも指摘されています。

そこで、二〇一八年生活困窮者自立支援法改正により、以前に一時生活支援事業を利用していた施設退所者や、地域社会から孤立している者に対しての訪問などによる見守りや生活支援というかたちで、この事業による支援が拡充されました。

家計の管理支援

家計改善支援事業は、生活困窮者の家計に関する問題につき、生活困窮者からの相談に応じ、必要な情報の提供および助言をおこない、あわせて支出の節約に関する指導、その他家計に関する継続的な指導および生活に必要な資金の貸し付けのあっせんをおこなうものです（同法三条五項）。この事業は、計画的な家計管理ができないことが生活困窮をもたらす大きな要因であることから設けられました。

厚生労働省の調査によれば、二〇一六年五月の新規相談受付分の継続的支援対象者の経済的な困窮の状況として、その約九六％が、「借金や債務があり、本人の必要に応じた生活が送れる経済状況にない」「家計管理がうまくいかず、本人の必要に応じた生活が送れる経済状況にない」「貯蓄まではできないが、本人の必要に応じた生活が送れる経済状況にはある」といった、家計面の課題を抱えていることが報告されています。多重債務はもちろん、たとえ就労していても計画的な家計管理（月給を向こう一カ月の生活費にあてるためには、相当程度の家計管理能力が必要です）ができなければ、地域での自立生活を送ることは困難なのです。

その意味では、家計改善支援事業の意義は大きく、今後は必須の事業としていくことが望まれます。ただし、二〇一八年改正では、先に述べた就労準備支援事業とともに、都道府県および市等の努力義務とされるにとどまっています(同法七条一項)。

子どもの学習支援

任意事業として、子どもに対して学習の援助をおこなう事業が設けられています。

貧しい家庭の子どもが家庭環境や養育力などにより、低学力や低学歴につながっているとの観点から、貧困の連鎖を断ち切る必要性が認識され、二〇一三年「子どもの貧困対策の推進に関する法律」が成立しました。子どもの貧困対策としては、「子ども食堂」などが有名ですが、子どもの学習支援事業も、こうした対策の一環としてとらえられます。

ただし、子どもの貧困に対しては、どんなに手厚い学習支援をおこなおうとしても、それ以前に子どもたちが育つ家庭での環境が整備されていなければ、十分な効果が期待できません。そこで、二〇一八年生活困窮者自立支援法改正により、学習支援のみならず生活習慣や育成環境の改善に関する助言などを追加し、「子どもの学習・生活支援事業」というかたちで強化しました(同法三条七項)。

このほか、生活困窮者自立支援法では、各都道府県および市等が必ず実施しなければならないものとして、生活困窮者住居確保給付金の支給が規定されています。これは、住居を失い、または家賃を支払うことが困難となった場合であって、就職を容易にするため住居を確保する必要があると認められる人に対して、原則三カ月間の給付をおこなうものです（同法三条三項）。就職支援の一環としての性格をもつとともに、一種の住宅手当としての性格をもちます。

以上のように、経済的困窮を前提とし、住宅確保給付金という「給付」が含まれているとはいうものの、全体としてみた場合、生活困窮者自立支援制度は、金銭、現物、サービスを含む「給付」の体系としてとらえられてきた従来の社会保障制度の系譜とは異なり、相談支援に特化した性格をもつものと評価することができます。その意味で、この制度には、社会保障の歴史的な展開過程のなかでも画期的な位置づけを与えることができるのです。

相談支援の本格的な組み入れにともなう法的問題については、次の章で検討することにします。

第5章

相談支援

前の章で述べたように、近時の法改正を通じて、地域に基盤をおき、相談支援という手法により、社会保障の持続可能性を支える社会的、市民的な基盤の再構築につながる取り組みがなされつつあります。ただし、こうしたアプローチは、これまで日本では本格的にはみられなかったもので、理論的にもまだ十分に検討されていません。この章では、先駆的な法学の議論にも示唆《しさ》を得ながら、相談支援のあり方を理論的に検討しておきたいと思います。

1　法によるサポート

生活保護制度にはあったが

これまでこの本では、相談支援は、金銭、現物、サービスといった伝統的な社会保障給付と異なり、手続的な性格をもつものであると特徴づけてきました。ただし、実際には、これまでも生活保護や社会福祉の領域などにおいて、金銭、現物、サービスなどの給付と関連づけて、あるいは給付の一環として、相談支援がおこなわれてきました。従来、法律上は、「相談援助」

という文言があてられてきました(社会福祉士及び介護福祉士法二条)。

これらのうち、給付と関連づけた相談支援の典型が、生活保護制度におけるケースワークです。

生活保護法一条は、法律の目的として「最低限度の生活を保障する」ことを掲げています。このことは、生活保護制度が、憲法二五条の規定する生存権の理念を直接的に具現化した制度であることを示すものです。

他方、生活保護法一条には、「自立を助長すること」という法目的も掲げられています。ここにいう「自立」とは、稼働能力がある限りにおいて経済的な自立がめざされるものの、たとえ労働市場における雇用労働を当然には期待できない重度の障害がある人であっても、生活保護を活用することによって地域での生活上の独立を獲得するという意味で、いわば「人格的」な自立を法目的に含んでいるという解釈が有力です。しかしながら、就労支援などを含む自立の助長に配慮した政策的な取り組みは、従来の生活保護制度において、本格的にはおこなわれてきませんでした。

相談支援の先鞭

こうした状況のもとで、二〇〇四年社会保障審議会福祉部会「生活保護制度の在り方に関する専門委員会報告書」の提言にもとづき、ようやく翌二〇〇五年から、各自治体で、生活保護受給者を対象とする国庫補助事業として、自立支援プログラムが開始されました。それ以前も、生活保護法は、単なる金銭などの支給にとどまらない、ソーシャルワークないしケースワークの果たすべき役割を予定していたものの、本格的な仕組みとしての展開はみられませんでした。

この自立支援プログラムは、各自治体の創意工夫に期待しながら、就労による経済的な自立のための支援のみならず、日常生活において自立した生活を送るための支援（日常生活自立支援）や、社会生活における自立の支援（社会生活自立支援）を含むものとして、自立支援を多面的にとらえたものです。このプログラムは、二〇一三年生活困窮者自立支援法において、相談支援が法律に根拠をおく独立の仕組みとして本格的に位置づけられるに至る先鞭をつけたものとして評価できます。

自立支援プログラムの法的な根拠については、「保護の実施機関は、被保護者に対して、生活の維持、向上その他保護の目的達成に必要な指導又は指示をすることができる」旨を規定する生活保護法二七条一項とする見解と、「保護の実施機関は……要保護者から求めがあったときは、要保護者の自立を助長するために、要保護者からの相談に応じ、必要な助言をすることができる」旨を規定する同法二七条の二とする見解があります。

相談支援は、後者の「相談に応じ、必要な助言をする」ことにあたるといえそうですが、たとえ後者の見解に立つとしても、そのことで自立支援プログラムにもとづく「指導又は指示」を否定する根拠とはならないでしょう。

支援と自律の緊張関係

この「指導又は指示」は、「被保護者の自由を尊重し、必要の最少限度に止めなければならない」とされています(同法二七条二項)。しかし、従わない場合には、最終的には、保護の変更、停止または廃止の権限が、保護実施機関(同法六二条三項)に付与されており、「指導又は指示」が事実上の強制となる危険性をはらんでいます。

強制とまではいえないとしても、本人の真の同意にもとづくともいえないとすれば、後に述べるように、支援と、個人の自律や自己決定とのあいだに緊張関係が生じることになりかねません。このことは、ギリギリの最低限の生活保障のあり方が問題となる生活保護の領域では、とくに保護実施機関の側において、強く意識しておく必要があります。

支援の給付化

支援と給付との関連づけの一環として、最近の制度のなかには、支援そのものではなく、支援のための計画策定などにかかる費用の支給を、「給付」として法律上定めているものがあります。介護保険における居宅介護サービス計画費の支給（介護保険法四六条。居宅介護サービス計画は一般に「ケアプラン」といわれるものです）、障害者福祉領域における計画相談支援給付費の支給（障害者総合支援法五一条の一六以下）などは、相談支援そのものではなく、支援計画の策定などに対する費用の支給を「給付」として法律に定めたものです。

介護保険制度を例に挙げると、居宅介護サービス計画費の支給による支援（居宅介護支援）の内容としては、居宅要介護者の心身の状況や、置かれている環境、本人および家族の希望などを勘案し、サービスの種類および内容、担当者などを定めた計画を作成することに加えて、サービス事業者などとの連絡調整その他の便宜の提供、施設への紹介その他の便宜の提供が挙げられています（介護保険法八条二四項）。これらは、現物や介護サービスといった実体的な給付そのものというより、実体的な給付に適切につなげるための手続的な給付という性格をもつものです。また同時に、そうした連絡調整などは、それ自体、被支援者の自律に向けた直接的な働きかけとして固有の価値をもつものであるということもできます。

ここで掲げた支援計画の策定は、支援の一部をプロセス的(手続的)に明確化したという意味合いをもち、策定の有無や見直しの頻度などを可視化し、定量的に把握することを可能にします。

ただし、こうした手法以外に、相談支援そのものを定量的な権利として、つまり法的に保障されるべき最低水準を明確にできる権利として把握することには困難をともないます。このことを、生活保護制度と生活困窮者自立支援制度を対比しながら、以下で具体的に考えてみましょう。

支援を受ける権利

生活保護基準を下回る生活を余儀なくされている場合、稼働能力の活用が求められるものの(生活保護法四条一項)、要保護者には、基本的に生活保護を受給する権利があるということができます。

これに対し、生活困窮者自立支援制度における個別的な相談支援(生活困窮者自立相談支援事業にもとづく支援)も、物質的な意味での最低限度の生活保障を求める権利(憲法二五条一項)と同様の意味合いで、被支援者の側に、法的な意味での権利を想定できるのでしょうか。たとえば、ただちには就労や社会参加に結びつくことがむずかしい被支援者は、規定により定められた期限の到来とともに、あるいは事業実施主体である自治体の決定により、支援を求める法的資格を失うことになるのでしょうか。それとも、個別の相談支援に対する一定の法的資格を、被支援者は継続的にもち続けることができるのでしょうか。このことは、いわゆる「伴走型」「寄り添い型」の支援に対する被支援者の権利の問題とも言い換えることができるでしょう。

この点につき、私は、第3章でもふれたように「健康で文化的な最低限度の生活」保障(憲法二五条一項)に直接かかわるセーフティネットの経済的な側面などは、法的権利(生存権)としてしっかりした保障が図られるべきであるとしても、自己の生き方の支えとなり得る多様なセーフティネットを、すべて規範的な個人の権利の問題だけに還元すべき必然性はないと考えます。

相談支援は、金銭、現物、サービスといった給付と異なり、定量的な把握がむずかしいというのが、ひとつの理由です。加えて、相談支援にかかわる関係を権利―義務という規範的な関係でとらえきってしまうことが、個人の自由に委ねられた私的領域に過度に踏み込む危険性があるということも指摘できます。相談支援は、人の生活や人生そのものへのかかわりをもつものだからです。

したがって、自立が果たされていない限り、被支援者の「権利」として支援の継続が保障されるべきであり、支援期間に制限を設けることも許されないとまでいうのはむずかしいように思われます。

ただし、そうであっても、二一世紀福祉社会においては、自治体の側に相談支援の体制整備をおこなう一定の責務は生じると考えるべきでしょう。具体的には、事業の実施などを義務づけることを通じて、さまざまな生活上の困難を抱えた住民を受けとめるネットワークや体制づくりが求められます。また、担当者による相談支援の力量の向上や、種々の困難を抱えながらどこにもつながることのできない市民に対し、ただ相談に来るのを待つのではなく、みずから積極的に出向いていくことで、アウトリーチ力の強化が図られる必要もあるでしょう。そのうえで、個別具体的な相談支援の場面においては、後に述べるように、被支援者と支援者のあいだでの協働による意思決定の機会の確保といった仕組みづくりが求められます。

権利と専門性の相克

相談支援のあり方を考えるに際しては、被支援者の権利（すなわち法的な観点）と、支援者の専門性（すなわち社会福祉的な観点）との相克《そうこく》という問題を考えておく必要があります。

被支援者に対する支援を法的に担保するためには、介護保険のケアプランに代表されるような支援計画の策定や、支援に際して勘案すべき事項の法令や通達などによる基準化といったコントロールを通じて、一定の手続的な保障を図っていくことが有力な手段となります。

ただし、公的な制度として公費を財源としておこなわれる相談支援は、まったく訓練を受けていない素人に委ねるわけにはいきません。このことは、「相談援助」をおこなう国家資格である社会福祉士が、「専門的知識及び技術をもって、身体上若《も》しくは精神上の障害があること又は環境上の理由により日常生活を営むのに支障がある者の福祉に関する相談に応じ、助言、指導、福祉サービスを提供する者又は医師その他の保健医療サービスを提供する者その他の関係者との連絡及び調整その他の援助を行うことを業とする者」（社会福祉士及び介護福祉士法二条一項）と定義され、さらに養成課程において、「相談援助の理論と方法」などの科目履修や、相談援助演習・実習などが組み込まれていることに象徴されているといえるでしょう。

そして、こうした相談支援にあたる側の専門性の発揮のためには、支援する側に一定の裁量、すなわち臨機応変で個別的な対応の余地を残さざるを得ないのです。つまり、手続化や基準化による法的な統制と、専門性の発揮のために必要とされる裁量とが、正面から衝突する場面が、避けられないかもしれません。

この点に関連して、医療分野において、「科学的根拠に基づく医療：ＥＢＭ（Evidence-Based Medicine）」も考慮して、診療ガイドラインが作成されつつあることが想起されるかもしれません。しかし、相談支援においては、個別的な性格がきわめて強く、科学的根拠にもとづく選択という手法には基本的になじまないと考えられます。

その意味では、単に支援の手続きを統制すればよいということにはなりません。統制の必要性の有無のみならず、統制の手段や内容（たとえば、法令による規律をどこまで必要とし、ガイドラインなどによる緩やかな基準設定にどこまで委ねるか）などにつき、慎重な検討が必要です。

協働の必要性

こうした権利と専門性の相克という問題は、支援者と被支援者とのあいだの関係性を、相互に対峙するものとしてとらえることから生じるものです。しかし、相談支援の場面では、お互いに向き合う関係（法的にいえば、典型的には契約にもとづく関係）として構造的に把握しきってしまうこと自体が適切なのかを問い直す必要があるように思われます。

第1章2において、社会保障法の通説が、社会保障の法関係を、国と国民のあいだに成立するものととらえてきたことを紹介しました。こうしたとらえ方は、国や地方自治体などの公的主体と私人との法関係に着目する行政法学という法分野と親和性をもつといえるでしょう。社会保障法学は、給付行政の主要分野であり、行政法学の重要な参照領域であるとも位置づけられています。

行政法では、公私協働論と呼ばれる議論が展開されています。従来の公私協働論は、行政の実施過程に民間主体をどう組み込んでいくか、あるいは公益の実現にあたり、民間を含む多様な主体の利害調整をどのようにおこなうか、といった事柄に関心があったようにみられます。

これに対し、障害者福祉や生活困窮者支援などの分野では、行政や公益を中心におくのではなく、本人の意思や利益をどのように実現していくかが中心となる点で、利害状況に大きな違いがあります。この点につき、行政法学者である前田雅子氏(関西学院大学教授)は、異なる立場や知見をもつ支援関係者などが、支援目標を共有し、具体化していくために、それぞれの役割や責任を果たして相互に協力し、連携することが求められるという点においては共通性を見いだすことができ、協働という枠組みはなお有用である旨を述べています。

支援は押しつけか

自立支援という目的を実現するためには、多様な当事者が関係する公私協働が要請されると述べる前田氏の見解は、直接的には、社会福祉などの「給付」の過程において、支給決定に至るまでの「協働」の視点の重要性を指摘するものです。しかし、その議論の射程は、特定の「給付」に結びつかない相談支援の場面においても、重要な示唆を与えてくれるように思われます。

児童福祉法は、地方自治体に対し、要保護児童の適切な保護または要支援児童などへの適切な支援を図るため、関係機関、関係団体および児童の福祉に関連する職務に従事する者や、その他の関係者により構成される要保護児童対策地域協議会の設置を努力義務として課しています（児童福祉法二五条の二第一項）。また、この協議会は、要保護児童もしくは要支援児童およびその保護者などに関する情報、その他要保護児童の適切な保護または要支援児童などへの適切な支援を図るために必要な情報の交換をおこなうとともに、支援の内容に関する協議をおこなうものとする（同条の二第二項）旨を規定しています。

このような、被支援者をめぐっての支援者の協働による情報交換や、支援内容に関する協議のための場の設置は、ひとりの支援者がひとりの被支援者に寄り添うことにより、支援者個人がもつ固有の価値観（あるいは「善き生」の構想）に引きつけた相談支援（価値の押しつけ）がおこなわれる危険性(それは、個人の自律や自由を尊重するこの本の立場からは、避けるべきものです)を排除するために有効な仕組みであると思われます。したがって、こうした仕組みを、社会福祉や生活保護などの各分野に拡げていく取り組みが、基本的に望ましいといえます。

支援会議の設置

第4章3で取り上げた生活困窮者自立支援法は、二〇一八年改正において、都道府県および市等が関係機関等により構成される会議(支援会議)を組織することができる旨、新たに規定しました(同法九条一項)。一方、支援会議は、生活困窮者に対する自立の支援を図るために必要な情報の交換をおこなうとともに、生活困窮者が地域において日常生活および社会生活を営むのに必要な支援体制に関する検討をおこなうものとされています(同条二項)。

支援者が取り扱うケースにはさまざまなものがあり、窓口での最初の対応で被支援者が求めるサービスにつなげることで、ただちに問題解決が図られることもあり得ることを考えると、支援会議での検討を、個々の被支援者との関係で必須のものとして義務づける(逆にいえば、支援者の権利として認める)ことは、必ずしも適切とは思われません。ただし、支援者の協働の必要性という観点からは、少なくともこうした支援会議のような協議体の設置を、各自治体に義務づけていく方向性は、望ましいものと考えます。

協同的意思決定

このような思考の枠組みは、支援者相互間における「協働」「協議」にとどまらず、支援者と被支援者との関係性の把握の場面でも大切な知見を提供してくれます。

被支援者と支援者の関係性を、相互に向き合う(契約的な)権利と義務の関係として構造的に把握するのではなく、継続的な「協同的意思決定(cooperative decision-making)」モデルとしてとらえる見方があります。

アメリカ貧困法(Poverty Law)の権威であるジョエル・F・ハンドラー氏(カリフォルニア大学ロサンゼルス校名誉教授)は、リベラリズムの立場から、貧困者が、権力と富を欠き、十分な交渉力をもたない依存状態にあるため、政府と対立する当事者として相争う関係にあるとみるより、裁量的で継続的な社会的同盟(Social Bond)関係にあるとみるのが適切であると論じています。

ハンドラー氏のいう協同(cooperation)とは、変換的で建設的なエンパワーメントをともない、善意、利他主義、相互尊重を不可欠とする参加型協同(paticipatory cooperation)であり、たとえば契約関係のような単なる手段としての協同とは区別されています。こうした観点からも、支援者と被支援者の関係を単に権利―義務関係としてとらえることの限界と、継続的な「協同的意思決定」をおこなっていくための「場」の設定や、「対話」の機会を制度的に保障することの重要性が、示唆されるように思われます。

相談支援の法的規整

これまで述べてきたように、こうした「協働」「協議」の契機にもかかわる相談支援を、定量的で実体的な権利として構成することには、むずかしい面があります。つまり、実体的な社会保障「給付」の法的な根拠が、憲法二五条の生存権規定に求められるのと同様の意味合いにおいて、「健康で文化的な最低限度の」(同条一項)相談支援を、具体的な権利として構成するのはむずかしいように思われるのです。

ただし、相談支援を、同条二項の「社会保障」に含め、「国は、すべての生活部面について、社会福祉、社会保障及び公衆衛生の向上及び増進に努めなければならない」と規定する国の向上・増進義務の一環としてとらえることは可能でしょう。つまり、同項を基盤にして、自治体の側に相談支援体制の整備にかかる一定の責務が生じると考えるべきです。自治体に事業の実施をはじめとする体制整備を義務づけることを通じて、さまざまな生活上の困難を抱えた住民を受けとめるネットワークや体制づくりが求められます。

実体的な権利ではなく、プロセス的（手続的）な性格をもつ相談支援に対する法的な規整としては、個人の自律の支援を基軸に社会保障法をとらえる私の立場からは、憲法一三条を根拠に導き出される「参加」「選択」「情報アクセス」といった規範的な価値の尊重という観点から枠づけるのが適切ではないかと思われます。

すなわち、相談支援の仕組みの構築と、個別具体的な被支援者への相談支援の双方の局面において、可能な限り被支援者の主体的「参加」による関与の機会を設け、支援の可否や内容は一方的に支援者が決めるのではなく、被支援者の意思による「選択」の余地が極力残されることが望ましいと考えられるからです。さらに、「参加」し、「選択」をなすための前提条件として、判断の基礎となる情報の提供がなされていることが求められるでしょう。

個別具体的な支援の場面で、これらの諸原則の順守が常に支援者に求められる（つまり義務として課される）とまでは言えないとしても、少なくともこれらの諸原則の尊重が、単なる専門職の倫理を超えた憲法上の規範的な要請であるととらえることには、大きな意味があるように思われます。

コストに向き合う

相談支援は、社会的な対応が必要とされる一定の要保障事由の発生に際して、国家レベルでの所得再分配を通じて効率的に貧困減少という効果をもたらした二〇世紀型社会保障では対応しきれなかった人びとに対し、地域を基盤としたきめ細かな個別的かつ継続的な福祉的対応をおこなうものです。二一世紀福祉社会に不可欠の仕組みであるといえるでしょう。

ただし、個々人が抱えるニーズへの個別の対応が必要になることから、きめ細やかな対応が必要となる面があることは否定できません。第1章で持続可能な社会保障の財政的基盤について述べたように、金銭、現物、サービスによる社会保障給付のあり方が、財政支出や費用負担のあり方との兼ね合いで議論されざるを得ないのと同様に、相談支援についても、費用（コスト）の議論を避けて通るわけにはいかないのです。

この点で、これまで社会保障を根拠づける規範概念と考えられてきた生存権（第2章2）や社会連帯（第2章3）と異なり、近時の政策展開における中核的な概念である「地域共生社会」に、相談支援にかかる費用負担を根拠づけるほどの強い規範としての効力があるとは思われません。

生存権は、それが財政状況いかんによって削減されることのないギリギリの「健康で文化的な最低限度の生活」の保障をめざすものであることから、規範としての意味合いは強力です。また（社会）連帯も、年金、医療、介護といった主要制度のうち、とくに社会保険を根拠づける理念として重視され（国民年金法一条、高齢者医療確保法一条、介護保険法一条）、強制加入のもと、加入者による保険料拠出を正当化する規範的なよりどころとなっています。これに対し、「共生」の理念それ自体から、国民の費用負担を導き出す議論は、十分には展開されていません。

むずかしい政策効果

二〇〇九年に成立した民主党政権の時代に、行政の無駄をはぶくという観点から、「事業仕分け」が脚光を浴びました。その後も、行政評価法（「行政機関が行う政策の評価に関する法律」）のもとで、各省庁などによる行政評価がなされています。最近では、財政規律を意識しながら、KPI（重要業績評価指標）を設定し、できるだけ定量的に政策効果を測ることが求められる傾向にあるようです。

こうしたなかで、地方自治体も、できるだけ地域に密着したかたちで、高齢者医療・介護、障害者福祉、子ども・子育て、生活困窮者支援などの分野の諸課題につき、地域ごとに行政計画を策定・実施し、定立した成果目標との関係で効果を測定・評価し、改善策を計画に盛り込むといったように、ＰＤＣＡサイクル（Plan-Do-Check-Act Cycle）を回しながら政策に取り組んでいくという方向性が顕著になっています。

しかし、相談支援の政策効果をどう測るかは、むずかしい課題です。生活困窮者自立支援制度を例に挙げると、もともと自立に困難を抱える生活困窮者が対象であることとの関連で、就労率や増収率といった指標のみで政策を評価しようとすると、地方自治体や受託事業者は、短期間で効果が出やすい（たとえば、生活課題が少なく就労に結びつきやすい）対象者を選別する（クリームスキミング）危険性があります。そのため、近視眼的な費用対効果分析になじまない面があります。

中長期的にみて、生活困窮者の社会的な包摂が図られること、そしてそれによって地域の基盤づくりが図られることが、生活困窮者自立支援法の本来の目的であることに思いをいたす必要があります。この点で、この章の３で取り上げる「事業」の枠組みを用いることで、個人レベルでの受益にとどまらず、社会全体にとっての受益に照準を定めることが可能になると思われ、そうした費用対効果分析の手法の開発が望まれます。

相談支援における費用（コスト）の問題に正面から取り組まず、回避しようとするならば、結局のところ、一九七〇年代の「日本型福祉社会論」を想起させるような、公的責任回避による地域への「丸投げ」「安上がり」の議論であるという批判を免れることはできないでしょう。

情報の共有に向けて

相談支援について、「点」での支援ではなく、「寄り添い型」「伴走型」の支援が求められるとしても、往々にして、被支援者が抱える困難やニーズは複雑に絡み合っています。そのことから、特定の支援者が単独で支援するのではなく、必要に応じてさまざまな専門性をもつ支援者や支援機関相互の協力が求められ、その前提として関係者間での情報共有が不可欠となります。先に述べたように、そうした協働は、支援者個人が被支援者個人と対峙することによる価値観の押しつけを回避する意味でも有益な面があります。こうした観点から、生活困窮の端緒となる情報をキャッチした自立相談支援事業を実施する地方自治体の部署(税、住宅、水道など)や、他の行政機関(児童相談所など)、民間事業者(電気、ガス、不動産など)、地域住民(民生委員、児童委員など)とのネットワークの構築が重要な課題となります。

情報の共有にあたっては、各自治体の個人情報保護条例にもとづく運用が求められます。地域での住民ネットワークを利用して支援の取り組みを推進するにあたって、個人情報保護が壁となっているという声を耳にすることがありますが、基本的には、対象となる被支援者の(場合によっては包括的な)同意を得ておくことが大切です。

都道府県や市等が、情報交換や支援体制に関する検討をおこなうために、関係機関や支援団体などにより組織できるとされている支援会議は(生活困窮者自立支援法九条一項)、必要があると認めるときは関係機関などに対し、生活困窮者に関する資料または情報の提供、意見の開陳その他必要な協力を求めることができるものとされ(同条三項)、関係機関などには協力への努力義務を課しており(同条四項)、さらに会議関係者に対する守秘義務も課しています(同条五項)。地域住民との協力を図るにあたっては、なおも個人情報保護のハードルは残るものの、この支援会議の枠組みを利用して、相談支援に関する情報共有が促進されることが期待されます。

2　さまざまな主体のかかわり

社会保障の拡がり

この本の問題関心からは、社会保障の持続可能性を支えるための市民的な基盤について、地域を軸にして再構築を図るという視点が重要です。そして、最近の政策動向によれば、第4章2および3でみたように、障害者福祉、地域包括ケア、生活困窮者支援の分野を中心として、地域共生社会の構想の実現に向けた実践が進みつつあります。

金銭、現物、サービスといった従来型の給付に限定せず、相談支援を含めて、二一世紀福祉社会における新たな社会保障制度を構築していく必要があるでしょう。社会保障を、「個人が人格的に自律した存在として主体的にみずからの生き方を追求していくことを可能にするための条件整備」のための制度ととらえることは、貧困や(経済的)生活困窮といった結果(帰結)のみならず、人生のプロセスそのものに焦点をあて、個々人の生き方の選択の場面における実質的な機会平等をめざすものであるといえます。

国の役割

すでに述べたように、憲法二五条二項は、「国は、すべての生活部面について、社会福祉、社会保障及び公衆衛生の向上及び増進に努めなければならない」と規定し、国に対して「社会福祉、社会保障」の向上・増進義務を課しています。このことと関連して、こうした広い意味での社会保障制度の展開にあたって、個人の自律の支援を基軸に社会保障法をとらえる私の立場から、憲法一三条を根拠として導き出される「参加」「選択」「情報アクセス」といった規範的価値の尊重という視点を提示しました。また、相談支援にかかる事業の実施などを地方自治体に義務づけることを通じて、さまざまな生活上の困難を抱えた住民を受けとめるネットワークや体制整備を図る必要性についても言及しました。

このほか、憲法二五条に照らして、国にはどのような役割を担うことが求められるのかを、改めて考えてみたいと思います。

この点については、行政法学者である岡田正則氏(早稲田大学教授)が、「自由」ないし「自律」の理念を重視する私の見解に言及しながら、示唆に富む議論を展開しています。岡田氏によれば、①国は制度設計および所得保障の責任、地方自治体はサービスの実施や監督責任を負う一方、「生活を営む権利」を実現する責任は社会団体(福祉サービスの提供主体)に対しても向けられる、②「生活を営む」ためには〝抽象的個〟を支える所得保障(国の責任)だけでなく、その〝具体的回復〟を図る地域社会(地域社会が提供する福祉サービス)も必要であって、後者の制度設計もまた〝社会保障における「自由」の理念〟を制度的に支える重要な要素であると、述べられています。さらに、一方的な請求権の行使ではなく、福祉サービスの受給を通じて社会参加の機会を得て、それにより新たなサービス提供の財を生み出し、他者の請求権を充足するような相互循環的な社会関係をめざす「相互行為論的アプローチ」にも着目しています。

地域自治の役割

こうした見方を、実体的な福祉サービスの受給という意味に限定せず（つまり、ここにいう「福祉サービス」には手続（プロセス）保障的な性格をもつ相談支援を含むものととらえて）、私なりに敷《ふ》衍《えん》し、この本で述べてきたテーマに関連づけた場合、あらためて以下の示唆が得られるように思われます。

第一に、伝統的な社会保障の実施責任、すなわち所得保障を中核とした「給付」により国民の生活を保障する責任を負うのが国であるとしても、「生活を営む」ためには、〝抽象的個〟に着目するだけでなく、個の〝具体的回復〟を図るための地域社会が必要であることです。

第二に、そうした地域社会における個の〝具体的回復〟は、一方的な請求権の行使ではなく、受給者（あるいは被支援者）の社会参加により、彼らもまた地域社会の「担い手」となるような、相互循環的な社会関係の構築を通じてこそ、よりよくなされ得ることです。

第三に、地域社会における地方自治体や社会団体によるサービス提供などの前提として、国には制度設計にかかる責任が課されることです。制度設計のみでは制度の普及が望めないとすれば、一定の財政支出をおこない、普及を促進する責任も求められるでしょう。

こうした議論を通じても、従来主流であった、所得再分配による資源配分をもっぱらの関心事とする「給付」型社会保障のとらえ方や、権利(請求権)によって社会保障を規範づけようとするアプローチでは、とらえきれなかった視点が明らかになるように思われます。このことは、1で提案したような、個々の被支援者に対する支援に際しての情報交換の場や、支援内容に関する協議の場の設置といった場面にとどまりません。地方自治の一環としての地域自治の場面でも、受給者(あるいは被支援者)自身の参画を踏まえた「自治」の仕組みを、どのように構築していくかという課題を提示することになります。

タテ割り行政の打破

地域自治のあり方とも関連して、地域共生社会に向けた近時の政策は、相談支援に射程を拡げたものであることに加えて、公的支援のあり方を「縦割り」から「丸ごと」へと展開していく改革をめざすものとなっています。すなわち、「地域共生社会」を通じて、制度や分野ごとの「縦割り」や、「支え手」「受け手」という関係を超えて、地域住民や地域の多様な主体がかかわり、人と人、人と資源が、世代や分野を超えて「丸ごと」つながることで、住民一人ひとりの暮らしと生きがい、地域をともに創っていく社会をめざすものとされています。

こうした方向性は、従来、中央省庁を頂点にして地方自治体に至るまで、個々の社会保障や福祉サービスの提供場面で問題視されてきたタテ割り行政の弊害を打破する可能性のあるものとして、積極的に評価できます。なぜなら、国の制度や事業が硬直的なタテ割りのままでは、あらゆる人びとを対象とし、何でも「丸ごと」受けとめる包括的な相談支援体制を組むことは困難と思われるからです。ヒモづけされた補助金などの使い勝手の悪さについては、自治体の現場からも聞こえてきます。予算の適正な執行を求める会計監査との兼ね合いはあるにせよ、できるだけ柔軟な制度の運用や、包括的な補助金制度の創設が求められます。

まち・ひと・しごと創生法

地域社会への着目は、社会保障・福祉立法に限定されるものではありません。なかでも基本法的な性格をもつ法律として、二〇一四年「まち・ひと・しごと創生法」が挙げられます。

この法律では、目的として、日本における急速な少子高齢化の進展に的確に対応し、人口の減少に歯止めをかけるとともに、東京圏への人口の過度の集中を是正し、それぞれの地域で住みよい環境を確保して、将来にわたって活力ある日本社会を維持していくためには、国民一人一人が夢や希望を持ち、潤いのある豊かな生活を安心して営むことができる地域社会の形成、地域社会を担う個性豊かで多様な人材の確保および地域における魅力ある多様な就業の機会の創出を一体的に推進すること（まち・ひと・しごと創生）が重要である、との認識が示されています（同法一条）。

また基本理念として（同法二条）、国民が個性豊かで魅力ある地域社会において潤いのある豊かな生活を営むことができるよう、それぞれの地域の実情に応じて環境の整備を図ること（同条一号）などが挙げられているものの、人口減少への対応、活力ある日本社会の維持のための地域社会の形成をめざすという、この法律の建て付けをみると、国、地方自治体、企業、家庭（世帯）、個人といった個別の主体への働きかけとは異なる、「社会」そのものへの立法者の直接的な関心の高まりが示されています。

たしかに、国が国民を社会「資源」として取り込むことを通じて、自己の生き方をみずから決めていけることに積極的な価値をおく私の社会保障法理論との衝突を引き起こす危険性がないとはいえず、この点には十分留意する必要があります。しかし、他方、「（地域）社会」そのものへの着目を通じて、先に述べたような相互循環的な社会関係の構築に向けた可能性が開かれてもいるのです。

自治体間の格差

国が担うべき役割に関して、憲法二五条二項がどのような規範を設定しているのかという、先に提起した問題とも関連して、相談支援を重要な構成要素とする地域共生社会の実現に際しては、国ではなく自治体単位での実施と、自治体内においてさらに細分化された地域ないし区域ごとの対応に依拠せざるを得ないことから、自治体間、そして地域間の格差が不可避的に生じざるを得ないことにも留意する必要があります。タテ割り行政を排し、自治体の自由度を高めるほど、この点について真剣に向き合う必要性が高まります。

一般的にいえば、金銭、現物、サービスによる物質的な給付とは性格を異にする相談支援は、お互いに顔が見える地域コミュニティに近い単位での運営と実施に委ねることを通じて、よりよく機能するということができるでしょう。もちろん、事業実施の義務化、事業推進に向けた財政支援、事業運営ガイドラインの発出など、国による仕組みづくりの役割は、依然として重要です。この章の1でも示唆したように、こうした役割が、憲法二五条二項の「社会福祉、社会保障」の向上・増進義務との関連で、国に対して規範的に求められると考えられます。

しかし、そのうえで生じる各自治体間の相談支援体制整備にかかる取り組み方の違いは、認めざるを得ないのではないのでしょうか。このことは、地域社会を支えていく責任がもっぱら行政にのみ存するのか、住民の主体性や自発性との兼ね合いで決まってくる面もあるのではないか、といった問題ともかかわっており、第6章でもう少し掘り下げてみたいと思います。

支援者の専門性

国が果たすべき責任の一環として、地域での相談支援を形骸化させることなく、実効的なものにしていくため、支援者の専門性の確保をどう図るかも課題でしょう。相談支援の体制づくりが図られても、実際に支援に携わる人による支援の質が担保されていなければ、実効的な相談支援とはなり難い可能性があるからです。こうした観点から、さしあたり次のような方策が考えられます。

第一に、支援者の訓練や研修などを充実することが挙げられます。もちろん、訓練や研修の時間を増やすことで、ただちに支援の質の向上が保証されるわけではありません。

しかし、介護支援専門員（ケアマネジャー）の新規合格者の約三分の二が、いまや介護ならびに介護に関する指導を業とする介護福祉士によって占められている現状において、地域共生社会の構築を十全に図っていくうえでの最前線の相談支援の主役としての役割を、ケアマネジャーに期待できるかについては疑問があります。また、障害者福祉サービスの基幹相談支援専門員、生活困窮者自立相談支援業務に携わる相談支援員など、相談支援に携わる多くの人材の育成が早急に求められているなかで、量的にも質的にも、十分な人材供給がなされているとはいえず、この観点からも、一定の訓練や研修の充実などが重要な課題です。

支援者に対する相談支援の基幹となる資格職は、まさに「相談援助」を職務とする社会福祉士でしょう。ただし、「地域づくり」といった目標を見すえるとした場合、さらにその延長線上にある「資格」職化(たとえば、ＣＳＷ＝コミュニティ・ソーシャルワーカーなど)も考えられるところです。

第二に、こうした質の確保、そしてその先にある「資格」職化を図ることにより、長期的な視野で、相談支援にあたる人材の経済的、社会的な地位の向上につながり、それにともなってさらなる人材の確保を図ることも可能になるのではないかと考えられます。

ただし、こうした専門家としての支援者の拡充の方向性とは別に、地域での住民による相互支え合いの拡充も、社会保障の持続可能性を支える市民的な基盤としての地域の再構築というマクロな次元と、地域社会におけるケア資源の活用というミクロな次元の双方で、重要な課題となってきます。地域の再構築に関する諸課題については、第6章でより深く考えてみたいと思います。

3　事業の位置づけ

従来の「事業」

地域共生社会の理念のもと、サービスや相談支援を、地域ごとに展開する方向性が顕著になりつつあります。そして、地域に密着したさまざまな施策の推進にあたっては、最近、「事業」という形式でなされることが多くなっているように見受けられます。その典型例として、介護保険法の地域支援事業や、生活困窮者自立支援法の各種事業（自立支援支援事業、就労準備支援事業など）を挙げることができます。

こうした「事業」は、社会保障分野では、従来、労働者災害補償保険法（労災保険法）の給付に付随する社会復帰促進等事業（同法二九条）、雇用保険法における雇用安定事業（同法六二条）や能力開発事業（同法六三条）のように、支給金や助成金などの金銭の支給にかかわるものも多かったように思われます。

この分野では、労災保険法にもとづく労災就学援護費を支給しない旨の労働基準監督署長の決定の行政処分性が認められた中央労基署長（労災就学援護費）事件（最高裁第一小法廷平一五・

九・四判決（訟務月報五〇巻五号一五二六頁））や、労災保険特別支給金支給規則による特別支給金を被災労働者の損害賠償額から控除することの適否につき、特別支給金が損害を塡補《てんぽ》する性質を有するとはいえないとし、控除が否定されたコック食品事件（最高裁第二小法廷平八・二・二三判決（最高裁民事判例集五〇巻二号二四九頁））などが重要判例として知られています。これらはいずれも、「事業」にもとづく「給付」の権利性が争点になった事案といえます。

社会保障・社会福祉分野は、給付行政といわれる領域です。そのことから、行政法学の伝統的な侵害留保理論（行政が私人の自由と財産を侵害する行為についてのみ法律の根拠を必要とするという考え方）の立場からは、社会保障や社会福祉では必ずしも法令上の根拠を必要とせず、給付要綱などの「行政規則」（国民の権利や義務に直接関係する一般的規律である法律や政省令などの「法規命令」と異なり、行政機関が定立し、国民の権利や義務に直接関係せず、外部的効果をもたないもの）により、しばしば補助金や助成金の事業としておこなわれてきたという経緯があります。

こうした給付要綱などは、行政の内部基準にとどまるため、これを根拠に補助金などを求める権利（請求権）が当然なこととして認められるわけではありません。ただし、合理的な理由がないにもかかわらず、一方には給付し、他方には給付しないなど、平等取り扱いの観点から違法となることもあり得ます。

このように、明確な法律上の根拠がなくても、法の一般原則である平等取り扱いの原則のほか、信義誠実の原則(信義則ともいい、人は、社会の一員として、具体的な事情のもとで相手方から一般に期待される信頼を裏切ることのないように誠意をもって行動すべきであるという原則(民法一条二項))などの観点から、行政庁による恣意的な運用に対し、法的なコントロールを図っていくのが、従来型の法的なアプローチでした。

新たな「事業」の展開

これに対し、最近の社会保障・社会福祉制度改革における「事業」の展開は、いくつかの点で、新たに法的な検討を要する諸問題を提起しています。

第一に、一見すると、個別の法律や制度において、中核的な給付ではなく付随的な位置づけにとどまるようにみられるものであっても、国が進めようとする政策(たとえば、地域包括ケア)との関連で、非常に重要な位置づけが与えられるものが存在します。

介護保険法の地域支援事業について定めた条文は、膨大な条文数からなる介護保険給付に関する規定(第四章)や、介護支援専門員、事業者および施設に関する規定(第五章)の後に一カ条がおかれているにすぎません(同法一一五条の四五)。しかしながら、この事業は、高齢者の地域での生活支援を横断的にとらえる地域包括ケアの推進にあたって、中核となる役割を果たしています。障害者総合支援法の地域生活支援事業についても、同様の位置づけがなされているといえるでしょう(同法七七条以下)。

第二に、法令に根拠をおくかどうかはともかくとして、事業により実施がめざされるのは、補助金や助成金などの「給付」ではなく、相談支援そのものであるケースが増えています。生活困窮者自立支援法が地方自治体の義務的な実施事業として定めている生活困窮者自立相談支援事業が、その代表例です。

第三に、こうした事業の責任主体である地方自治体は、必ずしも直接に実施主体となる必然性はなく、むしろ行政よりも現場でのノウハウをもつ社会福祉法人やNPOといった民間団体などが実施にあたる場面が多くなっています。たとえば、生活困窮者自立相談支援事業の運営方法として、二〇一六年度時点で、自治体直営が三七・五%であるのに対し、委託が五一・三%を占めており、委託先としては社会福祉協議会七九・二%、NPO法人一四・三%となっています(社会保障審議会生活困窮者自立支援及び生活保護部会第一回資料)。

第四に、そうした新しい形態の事業を、「行政処分」や「権利」「義務」といった法学にとってなじみ深い概念でとらえ、あるいは法の一般原則(平等取り扱いの原則や信義誠実の原則など)を通じて法的にコントロールすることがむずかしくなっていることが指摘できます。権利や義務の問題としてのみとらえていたのでは、事業本来の目的(私の言葉に引き直していえば、相談支援を通じた個人の自律の支援)が十全に図れない可能性があります。このことは、すでにこの章の1で、非契約論的なアプローチとしての「協働」「協議」の契機の重視といった観点から取り上げました。

政策理念をとらえにくい

これらのうち、とりわけ第一の点と関連して、最近の政策動向として、個別の法規の範疇を超えたレベルで、計画、規制、給付などの多様な手法を組み合わせながら、制度横断的かつ包括的な政策目的を実現することがめざされている点が注目されます。しかしながら、地域包括ケアを例に挙げると、医療法、介護保険法、医療介護総合確保推進法、また地域共生社会については、生活困窮者自立支援法、社会福祉法、介護保険法、障害者総合支援法、児童福祉法、といった個別法の各所に関連規定がおかれており、全体としての地域包括ケアや地域共生社会の政策理念がとらえにくいというのが実態です。

こうした制度横断的で幅広い政策目的を実現するにあたっては、全体を包括的にとらえるために、基本法あるいは理念法の制定という方向性を指摘することができます。

たとえば、障害者施策の展開にあたっては、障害者基本法が、法律の目的として、「全ての国民が、障害の有無にかかわらず、等しく基本的人権を享有するかけがえのない個人として尊重されるものであるとの理念にのっとり、全ての国民が、障害の有無によって分け隔てられることなく、相互に人格と個性を尊重し合いながら共生する社会を実現するため、障害者の自立及び社会参加の支援等のための施策に関し、基本原則を定め、及び国、地方公共団体等の責務を明らかにするとともに、障害者の自立及び社会参加の支援等のための施策の基本となる事項を定めること等により、障害者の自立及び社会参加の支援等のための施策を総合的かつ計画的に推進すること」と規定しているほか（同法一条）、定義、基本理念（地域社会における共生、差別の禁止など）、障害者基本計画の策定などについて定めています。

基本法の制定という点については、医療介護総合確保推進法が、厚生労働大臣に対し、地域における医療および介護を総合的に確保するための基本的な方針（総合確保方針）を定めなければならない旨、規定した点が手がかりとなるかもしれません（同法三条）。ただし、地域包括ケアシステムは、医療、介護、介護予防のみならず、住まいおよび自立した日常生活の支援の包括的確保まで射程におくものです。その意味で、この法律は、依然として包括的な基本法としての内容を備えるには至っていないといわざるを得ません。

生活困窮者自立支援法についても、二〇一八年改正により、生活困窮者の定義および基本理念についての規定が整備されたものの、依然として経済的困窮を前提とした立法であるという限界を脱却しきれておらず、相談支援の基本法として本格的に位置づけられる段階には至っていません。

国や地方自治体の責任

先に第四の点で述べたように、事業それ自体の適正な実施や運営に焦点をあてるアプローチは、行政上の法律関係(権利―義務関係)という範疇ではすくい取れないさまざまな行政活動を視野に入れた枠組みを提供します。

その際、すでにこの章の2で示唆したように、国や地方自治体に対する規範的な統制(国および地方自治体の責務や責任のあり方を明らかにすること)を通じて被支援者に対する制度的な保障をはかるという新たなアプローチがあります。それにより、相談支援を軸とした社会保障政策の方向性を規律していくことが可能になっていく面があるように思われます。

第6章

地域再構築

この章では、地域での支援の現場に目を向けることにより、課題の一端を明らかにします。地域での支援をめぐる実践は多種多様であり、日々発展を遂げていく流動的なものでもあります。しかし、そうした実践から、普遍的な今後のあるべき方向性を展望することもできるのではないかと考えます。

1　地域を再生、再構築することの意義

地域の変遷

かつての日本では、地域の相互扶助により、日常生活における不安や悩みを受けとめ、支え合う人間関係が、多かれ少なかれ存在していたといえるでしょう。

私は、北海道札幌市の農家が点在する地域で育ちました。都市部と農村部の中間的な性格をもつ土地柄で、高度経済成長期で畑がしだいに宅地に移り変わっていった昭和四〇年代、一、二歳上から一、二歳下までの近所の子どもたちと、よく一緒に遊んでいました。空き地で野球

をしたり、畑のなかを走り回ったり（母方の祖父の家がすぐそばにあり、玉葱農家で広々とした畑がありました）、お互いの家を行き来しているなかでも、近所のおじさん、おばさんたちの目が感じられ、見守ってくれていたという記憶があります。

こうした幼時の個人的体験と比べるのは、やや無理があるかもしれませんが、少なくとも、現在の東京での暮らしのなかで人と人の関係性が、昔の札幌の縁辺地域と同じであるようには、私には感じられません。でも、そうした「古き良き」時代とは、地域や近所の人づきあいにかかわるしがらみや、人間関係のわずらわしさなどと表裏一体のものでもあったはずです。戦後七〇年以上を通じて、人びとはあえてそうしたものを、自覚的に捨て去ってきたとはいえないでしょうか。

この本で述べてきたように、地域（社会）の再構築を通じて社会保障の持続可能性を支える社会的、市民的な基盤を固めることが期待されるとしても、現に脆弱化し希薄化した地域を再構築するのは容易なことではありません。また、こうした地域を再生、再構築することの意義を、あらためて問いなおす必要もあるように思われます。

我が事、丸ごと

二〇一八年生活困窮者自立支援法等改正の端緒となった、厚生労働省「『地域共生社会』の実現に向けて（当面の改革工程）」（二〇一七年二月）があります。それによれば、「地域共生社会」の実現が求められる背景として、対象者ごとに「縦割り」で整備された公的な支援制度のもとで、介護と育児に同時に直面する世帯（いわゆる「ダブルケア」）や、障害をもつ子と要介護の親のいる世帯への支援といった、対応が困難なケースが浮き彫りになっていること、そして精神疾患患者、がん患者、難病患者など、地域生活をおくるうえで、福祉分野のみならず保健医療や就労などの分野にまたがって支援を必要とする人が増えてきていることが指摘されています。

そのなかで、地域における多様な支援ニーズに的確に対応していくためには、公的な支援が、個人が抱える個別の課題に対応するだけでなく、個人や世帯が抱えるさまざまな課題に包括的に対応していくこと、また地域の実情に応じて、高齢や障害といった分野をまたがって総合的に支援しやすくすることが必要になっているとし、これが、公的な支援のあり方を「縦割り」から「丸ごと」に転換する改革が必要な背景として挙げられています。

さらに、この文書では、「社会的孤立」の問題や、制度が対象としないような身近な生活課題（たとえば、ゴミ出し、買い物や通院のための移動）への支援の必要性の高まり、軽度の認知症や精神障害が疑われ、さまざまな問題を抱えていながら公的な支援制度の受給要件を満たさない「制度の狭間」の問題が、日常のさまざまな場面における「つながり」の弱まりを背景に、表面化していること。そして、そのなかにあって、つながりのある地域をつくる取り組みが、自分の暮らす地域をよりよくしたいという地域住民の主体性にもとづいて、「他人事」ではなく「我が事」としておこなわれてこそ、参加する人の暮らしの豊かさを高めることができ、地域社会にも豊かさを生み出すと述べられています。

縦割りから「丸ごと」へ

「縦割り」によるバラバラの支援から、その人の抱える多様な生きづらさや困難をそのまま「丸ごと」受けとめて、包括的かつ継続的な支援へつなげるという方向性は、これからの相談支援のあり方として、おそらく違和感なく受け容れられるのではないでしょうか。

私はこれまで、地域での生活困窮者支援や、より広範に及ぶ地域づくりに関連して、先進的な取り組みを展開している各地の団体などを訪問してきました。たとえば、寄り添い型の生活相談支援をベースにしながら、北海道釧路市では、漁網の整備作業（一般社団法人釧路社会的企業創造協議会）、宮城県石巻市では、牡蠣の養殖および出荷作業（公益財団法人共生地域創造財団）

など、漁業の盛んな地にふさわしい中間的就労の事業が展開されています。

「引きこもり」青年との出会い

長年の引きこもり生活で、昼夜逆転の日々を送っていた一〇代の少年が、私の問いかけに対し、人懐こく、かつ熱心に、作業場で自分の仕事の手順を教えてくれた光景を、いまも忘れることができません。もし支援がなければ、彼は社会との接点をもてず、引きこもり生活を脱却するのは容易ではなかったはずです。支援者によれば、コンビニで働くことが彼の当面の目標とのこと。朝起きて、夜に就寝する規則正しい生活を送り、工賃を得られる「しごと」をしながら、学校で十分学べなかった「読み」「書き」「計算」などのサポートを受けることで、労働法規の適用対象になる雇用に就くことができれば、今まで見えなかった人生の扉が、彼の前に開かれるかもしれません。

それは、単に生活の糧を得られるというだけでなく、人とのかかわりのなかで働くことで得られる自己の存在確認であったり、満足感であったりするかもしれません。きっといろいろな試行錯誤、ときには挫折もあるでしょうが、そのつど、継続的な支援につながる環境を整えておくことができれば、人として、彼なりの成長を遂げていく潜在的な可能性を拡げていくことができるのです。また、仕事に就くことで、彼はもはや「支えられる」側の保護されるべき「客体」ではなく、納税者であるとともに、コンビニの店頭で、ひとり暮らしのお年寄りと笑顔で会話を交わし元気づけることで、社会を「支える」側の「主体」になり得るのです。

寄港地のような存在

さまざまな困難を抱えた人たちを「丸ごと」受けとめる支援者には、個人としても組織としても、それなりの力量が求められます。現場の最前線で活躍しておられるソーシャルワーカーから聞くのは、相談支援の「入口」でしっかり対応するには、「出口」づくり（被支援者が抱えるさまざまな課題の解決への道筋をつけること）への具体的な見通しが立てられる力量が必要だということです。「丸ごと」の「先」を意識しながらの相談支援であることが重要です。

「伴走型」「寄り添い型」支援といっても、四六時中、寄り添ったかたちでの支援が求められるというわけではありません。たしかに、初期対応としては、そうした濃密な支援が必要な場面もあるでしょう。しかし、そうした緊急対応の時期を過ぎれば、本人の主体性を尊重し、一定の距離感を保つことが、被支援者の自律や自由を基軸にすえた支援のためには、むしろ望ましいとさえいえます。ただし、そうでありながらも、何か困難にぶつかったときに立ち寄ることのできる拠りどころ、いわば「寄港地」のような存在であることが求められるのではないかと思うのです。

浪江町のまちづくり

福島第一原発事故により全住民が避難を余儀なくされた福島県浪江町で、川村博氏(NPO法人Jin代表)は、本格的な町民帰還が始まる前から農業(花卉《かき》栽培)でまちづくりに携わっています。川村氏は、東日本大震災後、県の事業としておこなわれたサポートセンター事業を、避難先の仮設住宅で、浪江町民を対象に展開してきました。この事業は、高齢者だけでなく、避難生活で困難を抱える住民一般を対象とし、介護保険、児童福祉といった「縦割り」でない支援の仕組みとして避難先のコミュニティ支援に役立ってきました。

町民帰還がはじまったとはいえ(浪江町は二〇一七年三月三一日、富岡町は同年四月一日)、町内に居住する住民は、まだ震災前の一割に満たない状況です(二〇一九年六月現在)。戻ってくる住民の多くも、比較的元気とはいえ高齢者が多く、こうした状況で町を復興していくのはそう簡単なことではありません。川村氏は、浪江町内で高品質のトルコギキョウを栽培している畑のかたわらで、浪江町一樹《いっき》サポートセンターを立ち上げ、帰還した高齢者などを対象とした日中活動（農作業やサロン）をしています。

川村氏によれば、要支援や要介護のお年寄りでも、畑に出れば、長年、畑仕事に勤《いそ》しんでいた「習性」なのか、自力で歩いて草むしりに精を出すとのこと。畑での農作業は、障害者就労の一環としてもおこなわれています。

浪江町でトルコギキョウを栽培し，
帰還した町民を支える川村博氏

さらに、帰還してくる町民のなかには、避難先の生活になじめず、さまざまな困難を抱えて戻ってくる人もいるかもしれません。もちろん、町の持続可能な発展のためには、次代を担う若者の力が不可欠でしょう。しかし、現実問題として、現段階で限られている帰還住民のなかでは、少なくとも当分のあいだ、誰もがそれぞれできる範囲で、「支える」側にまわって、いわば「全員野球」でまちづくりをしていくという発想が必要です。

原発事故による全住民避難という未曽有の

困難な状況にあって、帰還した住民による（高齢化が進展したなかでの）コミュニティの再生は、超少子高齢社会日本をいわば先取りした先進事例としての側面をもっています。

ただし、「全員野球」の発想は、人口が極端に減少した被災地にのみ当てはまるものではありません。

さまざまな困難を引き受ける

医療法人社団知己会（千葉県富里市）では、職員数二六二名のうち、障害者一一名、生活保護受給者五名、高齢者（六〇歳以上）六六名、外国人三名など、多彩な雇用実績を挙げています（二〇一九年一月現在）。障害者雇用については、当初は法定雇用率達成が目標であったものの、実際には、社内研修や従事可能な職務の洗い出しなど、適切な配慮とともに、公的な支援を活用することで、十分に労働力として見込めることに気づき、現在では、高齢者、生活保護受給者、難病患者など、新たな労働力の確保に向けて積極的に取り組んでいます。

高齢者、障害者、子どもなどを含むさまざまな人びとが同じ空間を共有する共生型サービスで注目されている社会福祉法人佛子園《ぶっしえん》のＳｈａｒｅ《シェア》金沢（石川県金沢市）、B's行善寺（同県白山市）でも、障害児支援を原点とする事業が展開され、施設や事業の利用者のみならず、地域の人びとが集い、活気ある空気感が創り出されています。

　こうした現場レベルでの地域づくりや共生型の取り組みの先進的な事業者のなかには、高齢者、障害児者、生活困窮者、ホームレスの人など、それぞれ原点ともいうべき支援のフィールドをもつ場合が少なくありません。ただし、地域に腰をすえて支援しようとする以上、その支援の射程は個別のカテゴリーの枠内の人にとどまらず、必然的に拡がっていくことになります。

　こうした意味での「丸ごと」は、ひとりの人が抱えるさまざまな困難を包括的に引き受けるという意味合いにとどまらず、さまざまな困難を抱えた人びとを断らずに受けとめるという意味での「丸ごと」でもあるといえるでしょう。

誰もが利用するかもしれない

　このことを、行政などの相談支援機関の体制づくりの場面に引き直してみると、高齢、障害、子ども、生活困窮者といった特定のカテゴリーにあてはまる人のみを対象としたタテ割りの相談支援体制の克服にとどまらず、あらゆる人びとの生活全般に対する個別的で包括的な支援体制の整備という課題も提起されます。こうした相談支援体制は、子育て中の孤立、不妊治療をめぐる悩み、がんや難病などとの闘病、親など親族の介護と職業の両立、長い高齢期における孤独や孤立といった、何らかのかたちで人生のどこかの時点で、大多数の人びとが向き合う可能性のある困難に対処するため整備されておく必要があるということで、その重要性を理解できるでしょう。

二一世紀福祉社会における新しい社会保障のネットワークに、この体制が組み込まれる必要があります。

2　多層性の魅力

社会保障と地域

社会保障の持続可能性を支える社会的な基盤、すなわち国家と個人のあいだにあって社会保障と密接にかかわる社会構成単位として、この本では、家族、企業、地域の存在を指摘してきました（第1章2）。

このうち、家族は、法律上、六親等内の血族、配偶者および三親等内の姻族が、親族の範囲として規定されているように（民法七二五条）、民法第四編「親族」の諸規定により規律されています。社会保障や社会福祉との関連では、国民年金保険料の連帯納付義務が世帯主に課され

（国民年金法八八条二項）、市町村は、被保険者の属する世帯の世帯主から国民健康保険料を徴収しなければならないとされ（国民健康保険法七六条一項）、生活保護は、世帯を単位としてその要否および程度を定めるものとされているように（世帯単位の原則。生活保護法一〇条）、しばしば「世帯」概念によって把握されます。

企業も、被用者保険の適用対象となる適用「事業所」（厚生年金保険法六条一項、健康保険法三条三項）、社会保険の保険料負担者としての「事業主」（厚生年金保険法八二条、健康保険法一六一条、労働保険の保険料の徴収等に関する法律三条）といった概念で、法律上の主体としての存在を確認することは比較的容易です。

これに対し、社会保障や社会福祉の領域において、〈地域〉の存在は、それほど自明のものではありません。

現行制度上も、高齢者を対象とした地域包括ケアシステムが、おおむね三〇分以内に必要なサービスが提供される日常生活圏域（具体的には中学校区）を単位として想定しているのに対し、精神障害に対応した地域包括ケアシステムの構築の観点からは、二次医療圏（医療法上の医療計画で設定された区域で、日常的な医療を提供する一次医療圏、高度専門医療に対応する三次医療圏の中間にあって、一般的な入院医療に対応する区域）を意識した障害保健福祉圏域、すなわち複数の市町村にまたがった相当広い圏域が基準になっています。また、生活困窮者自立支援制度では、生活保護と同様、福祉事務所単位(区市町村および(福祉事務所未設置町村の場合)都道府県)の色彩が濃いように思われます。このように、制度ごとに地域の「ズレ」がある点は、認識しておく必要があります。

相談支援の基盤となる地域の基本的な枠組みとしては、市町村単位、さらにきめ細かな支援をするための体制づくりにあたっては、より小さな行政単位(たとえば、地域包括支援センターや地区社会福祉協議会のエリア)での対応を見込む一方で、次に述べるように、課題の性格の違いに応じた支援ネットワークを、重層的、かつ複合的に構築するという方向性も、同時に両立し得るものと考えられます。

断らない相談支援

市町村、あるいはより小さな地区単位で、きめ細かな支援体制を整備する一方で、より大きな行政単位でも、重層的に支援体制を設けている例として、千葉県独自の取り組みである中核地域生活支援センター事業があります。その趣旨は、子ども、障害者、高齢者など誰もが、ありのままに、その人らしく、地域で暮らすことができる地域社会を実現するために、多様な相談に対して、二四時間三六五日体制で総合的な対応をおこなう地域福祉のセーフティネットとして、県内の健康福祉センターの各所管区域(一三の地域)に、中核地域生活支援センターを設置し、高度な専門性をもつ寄り添い支援をおこなうというものです。

二〇〇四年度以降、安定して年間延べ八〜九万件の相談を扱っています。朝比奈ミカ氏(「がじゅまる」センター〔市川市・浦安市担当〕)をはじめとするソーシャルワーカー、行政職員などとの交流のなかで、お題目ではなく、なんでも、いつでも、県民であれば誰でも対応する断らない専門的な支援の実践が、実際になされていることを実感します。また、この事業の一環として、市町村や各相談支援機関が相談事例に対応するにあたって、求めに応じて助言などの支援をおこなう事業(市町村等バックアップ事業)が含まれている点が注目されます。

現在では全国で、さまざまな分野において、相談支援体制の充実が叫ばれるようになり、それに呼応するように、市町村の総合相談支援窓口をはじめ、介護保険の地域包括支援センター、障害者福祉の基幹相談支援センター、そのほか、子ども・子育て、教育、難病・がん、犯罪被害、ドメスティックバイオレンス(DV)など、生活上の困難に対するそれぞれ多様な相談支援の仕組みが設けられています。

なんでも断らない相談支援の考え方が一般化し、広く普及すれば、将来的にはこうした仕組みがもつ機能を一定程度集約化することも考えられます。ただし、それぞれの種別の相談に際し、固有の専門性を要するとすれば、既存の仕組みを当面維持したうえで、先に述べた千葉県の市町村等バックアップ事業のように、関係機関のあいだで有機的な連携を図ることに力を注ぐ必要があると思われます。

「共にあること」で十分

このように、体制づくりに課題を抱えるにせよ、地域における「丸ごと」の相談支援体制の整備の必要性それ自体については、異論のないところでしょう。これに対し、この章の1で述べたように、「『地域共生社会』の実現に向けて(当面の改革工程)」では、「『他人事』を『我が事』に変えていくような働きかけを通じて、住民が、主体的に地域課題を把握して解決を試みる体制を構築していく」とも述べられています。この「他人事」から「我が事」へという発想は、どのように考えればよいのでしょうか。

1で指摘しておいたように、地域(ムラ)社会の息苦しさや面倒臭さを、戦後、私たちは自覚的に捨て去ってきたのではないでしょうか。そうだとすれば、かつての旧態依然とした地域に立ち返ることは、可能でもなく、望ましくもないように思われます。

全国各地での先進的な実践がめざしている地域づくりとは、「他人事」を「我が事」としてとらえるといったものではなく、地域がさまざまな人によって成り立っているということに、お互いの「顔」が見える距離感で気づきあえる、そして何かあったときに自然に手を差し伸べることができるといった、もっと緩やかでフワッとした手ざわりのものであるように思えます。「我が事」ではなく、「共にある（在る）こと」程度で十分なのではないでしょうか。「我が事」ととらえることを求めるような強い（狭い）共同体的な意識や感覚では、絶えず「排除」され「断絶」される側の人を、再生産し続けるように思われてなりません。

地縁型コミュニティ

従来型の地域コミュニティを代表するものとして挙げられるのが、町内会や自治会といった「地縁型」のコミュニティです。そうした地域組織（それは、地方自治の基礎的な単位でもあります）の運営にあたる人たちは、しばしば民生委員や児童委員といった公職も兼務し、地域での見守り活動や、伝統や文化の継承などに、大きな役割を果たしてきました。私も、このような地域組織を解体すべきなどと主張するつもりは毛頭ありません。

しかし、聞こえてくるのは、「世話役」の人たちの高齢化と後継者不足、そして加入率の低下です。また、ともするとこうした地縁型コミュニティは、それが長い歴史に培われてきたものであればあるほど、硬直的な運営に陥りがちです。もちろん運営側の人たちのキャラクターによるところも大きいのでしょうが、たとえ行政であっても、「顔役」である役員の頭越しに地域で新たな活動を始めることがむずかしい、といった声を漏れ聞くことがあります。

このように、これからの地域づくりにあたって、地縁型コミュニティのみに依存することには限界があるように思われます。

重層型コミュニティへ

これに対し、趣味の会やサークルなど、地域にはさまざまなコミュニティが存在します。地縁型に対比させて、テーマ型コミュニティといってもよいでしょう。友人どうし、同じ趣味をもつ仲間、ママ友といった同じ境遇にある人たちなど、個人の意志でつながる緩やかな任意のグループです。しかし、こうした組織も、貴重な地域資源であり、自己利益追求型の集団であるとレッテル貼りしてしまうのはもったいないと思います。

広島市では、高齢者いきいき活動ポイント事業を、介護保険の地域支援事業（一般介護予防事業）の一環として創設しました。高齢者の社会参加への意欲を具体的な活動に結びつけるうえでのきっかけづくりとして、高齢者による地域のボランティア活動や介護予防・健康増進に資する活動の実績にもとづく支援をおこない、高齢者の社会参加を促進するとともに、生きがいづくりを推進することをねらいとした事業です。

ユニークなのは、市に登録した活動団体が、高齢者がポイント付与の対象となる活動をしたことを確認し、提示するポイント手帳に押印することでポイントを付与し、高齢者は、獲得したポイント(一ポイント一〇〇円で、年間上限一〇〇ポイント)を奨励金として受け取ることができるという点です。ポイント付与の対象となるのは、みずからの健康づくりや介護予防に取り組む活動(一ポイント。介護予防教室や趣味のサークル活動への参加など)、健康診査などの受診(二ポイント。特定健康診査、がん検診など)、地域の支え手となるボランティア活動(二ポイントまたは四ポイント。町内清掃活動、児童の登下校の見守りなど)で、活動の社会へのかかわりの度合いによって傾斜配分されます。趣味の会やサークルへの参加であっても、地域コミュニティの再生に寄与するものとして積極的に評価し、支援しています。

活動団体として登録しているのは、二〇一八年九月末日段階で、一万一八三三もの数に及びます。グラウンドゴルフサークルからカラオケ同好会、町内自治会に至るまで、じつにさまざまな団体が登録しています。

広島市の事例が示唆しているように、地縁型コミュニティとテーマ型コミュニティが、縦軸と横軸の網の目のように、いわば重層的に折り重なって地域に存在することで、「共にある」ことが実感できる地域コミュニティが構築されていくのではないでしょうか。前者を「公」、後者を「私」に属するものとして、二分法的にとらえ、もっぱら前者に寄りかかるのではなく、後者も地域コミュニティの構築に向けた半ば公的な推進力に転化し得るのだということを、十分踏まえておきたいと思います。

新しい地縁型?

さらに加えて、最近、新しい地縁型ともいうべきコミュニティ形成の動きが、現役世代を中心にみられることが注目されます。

久留米一〇万人女子会は、福岡県久留米市内の九つの女性団体が実行委員となり、久留米市内すべての女性が出会い、つながる社会をめざして、二〇一九年三月に開催されました(前身は、二〇一六年七月以来実施されてきた「まちなか一〇〇人女子会」)。一〇年後に一〇万人の女子会を開催するのが目標です。

「ローカルログイン」という言葉を聞いて、人それぞれに思い浮かべること。それはたとえば、地域暮らしについて考える、同じ町に住む人と出逢ってみる、人との違いを共有してみる、この町で子育てを楽しむ、この町で夢を描いてみる、課題があればみんなで考えてみる、といったこと。それらを「みんなで意識してみる」ことから始めようというのがローカルログインで、年一回の女子会のほか、四六ある小学校区ごとに、地域住民が集まるＬＡＢ会の開催を企画しています（WeLAB46プロジェクト）。

実行委員の女性たちから伝わってくるのは、異世代や異文化が共存したフラットな関係性の緩やかで優しいつながりを、久留米というまちにつくっていくという熱意です。注目したいのは、馬場篤子氏（社会福祉法人　拓く　理事長）という地域を切り拓いてきた先達に見守られながら、三〇代から四〇代前半の女性たちが推進役になっていることです。さらに、「支援」「支える」「助ける」といった切り口ではなく、地域の暮らしをつくっていくうえでの「ワクワク感」「楽しさ」「明るさ」を大切にしていること、そしてそのようなつながりを通じて、じつは子育て世代（担い手）の意識改革、社会課題のリアル化、自主的な地域活動の推進などをめざしていること、実際にドメスティックバイオレンスなどの「支援」につなげる必要な情報が得られていることも注目されます。

「ローカルログイン」を推進することで、地縁型×テーマ型×若い世代のコミュニティのかけ合わせに加えて、異世代×異文化×異領域のかけ合わせを通じて、化学反応が生まれることにより、まちが変わり、地域コミュニティの基盤が厚くなり、地域全体を支える担い手が育っていくことが大いに期待されます。

SNS(ソーシャルネットワークサービス)で人と人がつながっている社会での(とくに若者に対する)支援策としては、ツールとしてのSNSが有用だということも耳にします。そうしたなかで、中高年者も「ワクワク感」で巻き込み、SNSのつながりを超えて実際に「出逢う」ことで、新しい全世代型のコミュニティをつくっていこうという試みは、新しい地縁型コミュニティの可能性を拓くものといえます。

彼女たちが発する「私のことは、私たちのこと」という言葉に込められた意味合いは、「我が事」とはずいぶん違った肌触りのように感じられます。こうした現役世代主導型の自発的な地域づくりの試みが、全国各地で展開されることで、地域共生社会の風景も、これまでとはずいぶん違ったものになるのではないでしょうか。

住民の責務とは

以上に述べてきた住民ベースのコミュニティ形成を、地方自治の観点からみた場合、「地域」は、住民が暮らす土地における自治の単位としてとらえることができます。この点に関連して、すでに述べたように(第4章2)、二〇一七年社会福祉法改正により、「地域住民等は、……福祉サービスを必要とする地域住民……が日常生活を営み、あらゆる分野の活動に参加する機会が確保される上での各般の課題……を把握し、地域生活課題の解決に資する支援を行う関係機関……との連携等によりその解決を図るよう特に留意するものとする」との規定がおかれました(同法四条二項)。

従来の住民自治は、どちらかといえば住民の権利の側面に重点がおかれてきたといえます。これに対し、先の条文の「留意するものとする」という文言は、国が「地域住民」に対して、一定の責務を負わせたものとみることができます。

ただし、その責務は、先に述べたように、自治体行政の一環としての町内会や自治会といった公的な組織を通じてのみ果たされるものではなく、テーマ型コミュニティや、子育て世代による新しい地縁型コミュニティといった自発的な取り組みによっても果たされ得るものととらえるべきでしょう。こうして、社会保障の持続可能性を支える社会的な基盤としての地域の再構築が図られるのではないかと思われます。

ここでいう地域の再構築は、「共同体」固有の歴史や伝統などにまつわる固有の価値を再認識することによっても、果たされるのかもしれません。しかし、留意しなければならないのは、個人の自律の支援に重きをおく私の立場からは、個々人の生き方よりも共同体の価値が優先されるようなものであってはならないということです。それは、「他人事」を「我が事」として受けとめることを強いるような、生きづらさを持ち込むことになり、少なくない地域住民に違和感を生じさせることでしょう。

繰り返しますが、それは新たな「排除」や「断絶」の契機をはらむものとなりかねません。

誘導型の手法で

新聞の投書欄で、「団塊世代よ　自治会へ」という見出しが目に留まりました（読売新聞二〇一七年三月二二日付朝刊）。最近、自治体役員のなり手がいない、役目を務めるには一定の勇気が必要、でも、自分の住む地域をよくしようとする気持ちと工夫が大切、役員活動を通じて、地域との交流が生まれたとつづられ、最後に「団塊世代の皆さん。ぜひ、自治会の役員になってみてください」と結ばれていました。地域に貢献しようとする意欲をもつ高齢者の積極的な呼びかけに、私は感銘を受けました。ただし先に述べたように、自治会長や民生委員、児童委員のなり手がいない、という実態があることもまた否定しようのない事実なのです。

年金受給者団体にインタビューした際にも、また地域のフォーラムで住民の皆さんの話し合いに参加させていただいた折にも、戦前世代の方々から、団塊世代は「個人主義」の要素が強い、趣味など自分の好きなことや、やりたいことを優先する印象を受けるとの趣旨のお話をうかがったことがあります。統計的な分析が可能なほどのサンプル数を持ち合わせているわけではありませんが、仮に、先の投書とこれらのインタビューが何らかの関連性をもつとすれば、国家の呪縛から個人を解き放った戦後教育の、ある意味でプラス面ともいえるかもしれませんし、あるいは戦後社会において厳しい競争の下におかれた団塊世代が退職後にみずからを解き放つ手立てなのかもしれません。

いずれにせよ、こうした高齢者世代の意識変化という側面からも、地域社会の脆弱化をふまえて、「我が事」ではなく、「共にあること」といった「緩やかな」つながりを回復することの必要性が示唆されるように思われます。そして、その際の手法としては、住民に負荷をかけることによってではなく、自発的な取り組みをうながすインセンティブを付与するさまざまな「仕掛け」を用意することによって、実現されるべきであるように思われます。

先に紹介した社会福祉法四条二項も、そのような趣旨を含むものとして解釈されるべきでしょう。いかにしてそうした多彩な「仕掛け」のアイディアを生み出せるかも、行政を含む各地域がもつ潜在力によるところが大きいように思われます。

支援の多層性

第5章からこの章にかけて、地域での支援のあり方について、実践例をまじえて述べてきました。必ずしも一般化しきれるものではありませんが、これらをあえて類型化することで、その多層性をあらためて示しておきたいと思います。

第一に、経済的に困窮している人びとに対する相談支援が挙げられます。これは狭義の生活困窮者支援というべきもので、社会保障・社会福祉施策などとの連携が求められるなかでも、とりわけ生活保護制度との連携や協力が課題となります。第二に、経済的な困窮に限られないさまざまな困難を抱え、社会的に孤立した人びとに対する相談支援が挙げられます。広義の生活困窮者支援ともいうべきもので、同様に幅広い社会保障・社会福祉その他の諸施策との連携が課題となります。第三に、特定の困窮者への相談支援というより、地域づくりやコミュニティ再生にかかわる支援が挙げられます。住宅、交通、雇用、産業振興など自治体の施策全体を通じての〝つながり支援〟という側面があります。

これらのうち、第一と第二の側面は、基本的には被支援者に対する個別支援です。そこでは、専門職の役割が期待されるものの、次の3で実例を挙げるように、第三の側面が機能することにより、相互循環的に一般住民も一定程度担い手となり得ます。第三の側面は、いわば「仕組み」としての支援とも呼ぶべきもので、被支援者ではなく直接的には支援者の育成や支援を通じたコミュニティ構築と、それによる地域相談支援体制の構築という相互循環的な社会の形成をめざすものです。こうした社会の形成は、第一、第二の側面を担う専門職による支援(たとえば、次の3で挙げる看護アプローチ)を通じても促進され得るものです。

第一、第二の側面(相談支援)と第三の側面(地域づくり)の区別には、相対的な面もあります。たとえば、単身の高齢男性は、女性よりも地域において孤立しがちです。「会社人間」であった男性が、退職後、地域との接点がなく、家に引きこもり、ついお酒に依存してしまい、心身の不調をきたすといった事例を、都市部、地方部、そして被災地域を問わず、耳にすることが少なくありません。その意味で、こうした男性こそ支援対象なのかもしれません。しかし、実社会で培った高度な知識と技術をもち、体力のある高齢男性の集団を、地域に引っ張り出して、支える側にまわってもらうことができれば、大きな戦力となり得ます。豊中市社会福祉協議会の「豊中あぐりプロジェクト事業」は、都市型農園を拠点に人と人のつながりを創造することで、男性の社会参加を促進し、地域福祉の担い手づくりをめざす典型例といえます。

ただし、地域レベルで相互循環型の支援体制が整備されても、専門職による個別的な相談支援の仕組みの必要性はなお残り続けるでしょう。ひとつには、複雑に絡み合った困難を抱える人を「丸ごと」受けとめられる力量をもつのが専門職であるからです。もうひとつは、「共にあること」が緩やかに共有される地域でもなお、そのネットワークに入れない、あるいはそこから排除されてしまう人が、どうしても生じる(生じざるを得ない)と思われるからです。

3　継続的で多角的な支援

「地域を絶えず耕し続けること」

この本では、社会保障の持続可能性を支える社会的な基盤を、地域社会へのアプローチによって再構築していく必要性を繰り返し述べてきました。しかし、「言うは易し、おこなうは難し」のたとえ通り、その実践は簡単なことではありません。地域の再構築を通じて、「支えられる」側が「支える」側にもなり得るという意味での相互循環的な社会が、めざすべき方向性であることには疑いを入れないとしても、そうした循環は一朝一夕に生まれるものではないということも確かです。

まず、地域づくりは支援者による一時的な営みによって成就するものではないということです。地域づくりを長年にわたって実践してきたコミュニティ・ソーシャルワーカー（CSW）の勝部麗子氏（豊中市社会福祉協議会）の言葉を借りると、地域を絶えず「耕し続ける」継続的な営みが必要です。このことは、とりわけ地縁が希薄な都市部に当てはまることかもしれません。

地域づくりを見すえた支援は、社会福祉協議会やNPOなどの民間団体による場合も多いでしょうが、決してそれらに限られるものではありません。市民生活相談課の総合相談窓口で、消費生活相談や市民相談、税務相談などを含むあらゆる相談を受けとめ、市役所内外の関連事業へとつないでいく滋賀県野洲市のように、行政が積極的にコーディネーター役を務める地方自治体もあります。野洲市（人口約五万一〇〇〇人）は、小規模自治体におけるひとつのモデルケースといえるでしょう。

地域を「耕し続ける」ためには、公私を問わず、相当程度の期間にわたって、先導的に道を切り拓いていく力量をもつ人材がいる地域が、相対的な優位性をもつことを否定できません。そうした面では、相談支援体制の整備を金銭、現物、サービスといった実体的な給付とは異なる手続的保障の一環としてとらえ、国には一定の体制整備義務が課されるとしても（第5章1）、実際には、相談支援体制の整備にあたる行政職員の意識の違いや、支援に従事する専門職の人材確保いかんによって、自治体や地域ごとに一定の格差が生じることは、当面免れることができないと思われます。この点をどう克服していくかは、今後の課題です。

石巻市の復興団地を取りまとめて

ただし、地域づくりの担い手は、行政や専門職に限られるものでもありません。この章の2で取り上げた久留米一〇万人女子会のように、本来的には住民自身でもあるはずです。

東日本大震災の復興過程にある宮城県石巻市には、五つの復興団地を中心に支援している団体(一般社団法人石巻じちれん)があります。その取りまとめを担っているのが増田敬氏です。増田氏は、仮設住宅に居住していたときから住環境改善などに率先して取り組み、復興住宅に移ってからも自主的な見守りの活動を続けてきました。

被災地をめぐり、多くの人と語り合うなかで感じるのは、自生的なものではなく制度がベースになっていても、地域での支援とは、結局のところ、「人と人のつながり」に帰着するということです。言い換えれば、地域とは、「人と人のつながりの束」にすぎないということもできるでしょう。

二〇一八年八月、いまだに残る福島県内の仮設住宅で、避難住民の方が、「この七年半の避難生活で支えになったものは何でしょう」との問いかけに、即座に「人と人のつながり」と答えてくださった言葉が、心に深く突き刺さりました。

また、同時期に、同県内の仮設住宅から復興住宅に移住した住民の方々へのインタビューでは、完璧に防音が施され、独立した生活を営むことができる復興住宅での生活の「寂しさ」が語られました。住環境としては問題があっても、隣の物音が聞こえた仮設住宅のほうがまだよかったとの声も聞かれました。阪神・淡路大震災以降、課題とされてきた「孤立」と、その先にある「孤独」(死)のおそれが、現実と隣り合わせで存在しています。

石巻市の復興住宅で，住民を支える増田敬氏

石巻じちれんの増田氏は、被災地におけるそうした事態を見すえて、「こころ」の問題に対応し、住民どうしがお互いの顔を知るきっかけをつくり、共通の問題を話す場を提供するため、「コミュニティの前にコミュニケーション」を合言葉に活動を続けています。

支援と自発性・自律性

増田氏のような強力なリーダーのいる自治組織の存在は、自助的で互助的な地域づくりにとってきわめて重要です。ただし、こうした場合でもなお、行政や専門職支援者の役割がなくなるわけではありません。自助的な自治組織をサポートし、いわば支援者のバックアップ（支援）という間接的な立場からかかわることも、重要な役割です。こうしたサポートのなかには、財政的なものも含まれます。

ここで微妙な問題をはらんでいるのが、状況によっては、公的ないし社会的な支援があまりに潤沢になされることで、被支援者（住民側）の自発性や自律性がいつまでも発揮されず、むしろ依存性が強まっていく事態になりかねないということです。そうした環境下では、住民側の自発的かつ主体的な取り組みが育つことはむずかしいと言えます。

一方で、地域を「耕し続ける」努力を怠らず、他方で、地域で人と人がつながり、新たなネットワークを築いていこうとする「住民力」の向上を図っていくための自発性や自律性の涵養をどう図っていくか、それぞれの地域での悩みどころであるかもしれません。このことは、生活上の困難を抱えた個人（あるいは家族）としての被支援者と支援者との個別的な関係性においても、程度の差こそあれ、留意される必要があります。

看護と福祉の協力

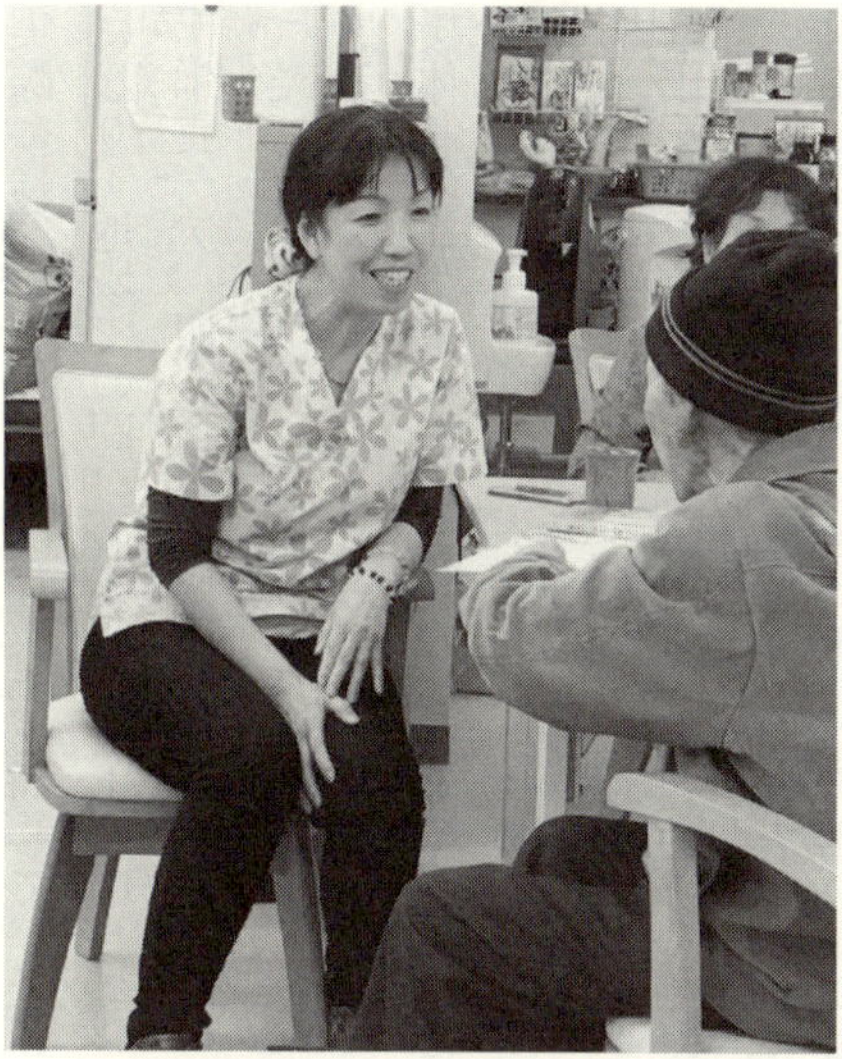
「みんなの保健室わじま」で，住民の相談に乗る中村悦子氏

石川県輪島市の「みんなの保健室わじま」では、市立病院で主任看護師を務めていた中村悦子氏が、ショッピングセンター内にカフェをオープンし、近隣住民が健康、介護、生活上の困りごとを相談できる場として活動しています。特徴的なのは、医療・看護・介護職による栄養アセスメント（食支援）の拠点となることをめざしていることです。カフェ内のキッチンでは、新鮮で栄養価の高いワンコインランチ（五〇〇円）を提供しています。当初は、在宅での療養生活をおくる高齢者を主な支援対象と考えていたにもかかわらず、

実際には、食支援のアプローチを通じて、子ども、障害者、生活困窮者などが多く集まるようになり、地域での間口の広い支援を提供しています。

栄養ケア、服薬指導、健康管理など、多くの住民が気を遣う健康面で具体的なアドバイスができる医療・保健・看護職の存在は、地域づくりに大きく貢献することが期待されます。がん患者サロン、認知症カフェなど、さまざまなニーズをもつ人びとが地域で生活をおくる際の支援体制の構築や、介護予防の体制づくりにあたっても、医療面の専門知識をもつこれらの専門職の実践が、重要なポイントとなります。

中村氏もメンバーのひとりである全国ボランティアナースの会（キャンナス）は、地域でさまざまな困難を抱える住民を支える活動をしており、輪島市のように、それが機能している地域では、重要な役割を果たしていると考えられます。こうした活動は、地域づくりや、地域での相談支援をおこなってきた福祉専門職の取り組みと、目的において共通しています。

ただし、私が知る限り、これらの医療・看護系と福祉・介護系の専門職の活動が、全国レベルで十分な連携と展開をみせているようには必ずしもみえません。医療、介護、生活支援、介護予防、住まいが一体的にとらえられている高齢者中心の地域包括ケアシステムにとどまらず、生活困窮者支援や障害者福祉などの地域共生社会に向けた取り組みにあたっても、医療・看護系と福祉・介護系の支援活動におけるいっそうの連携や充実が期待されます。

首都圏の「地方」での実践

地域づくりの実践は、地方部のみならず、大都市圏でも進められています。ここでは、東京都に隣接した千葉県松戸市を紹介しましょう。

松戸市の日常生活圏域は、一五の地区社会福祉協議会の圏域を単位として設定されています。同市では、介護保険の地域支援事業への取り組みが早く、地域包括支援センターを基盤とした包括的相談支援体制が整備されています。地域ケア会議も活発に機能しており、全市域と各地域に三段階のレベルで組織化されています。

こうした高齢者分野の体制を拡げる試みとして、二〇一八年度には、「誰もが集える居場所づくり」をテーマに、一五圏域すべてで「地域づくりフォーラム」が開催されました。コンパクトシティ化によるまちづくりで有名な富山市のように、都市政策や交通政策の観点から福祉施策にアプローチし、地域共生社会に向けて取り組んでいる自治体もあれば、松戸市のように福祉施策そのものの展開を通じて地域共生のまちづくりにつなげようとする自治体もあり、その意味で方法論はひとつではありません。

松戸市のある地区でひらかれたフォーラムでは、単身高齢者の安否確認を兼ねた高齢者ボランティアらによる定例食事会（「カレーを食べる会」）と、若い母親たちによる子ども食堂の活動報告があり、その後、参加者各自の地域での取り組みについてのグループディスカッションがおこなわれました。大勢の参加者の多くが地域づくりの活動にたずさわっており、非常に高いレベルでの議論に私は大変驚きましたが、四〇年ほど前からマンション群が建てられ、それ以来の長年にわたる各地区でのコミュニティ構築の歴史があるとうかがい、合点がいきました。やはり、地域づくりは一朝一夕でできるものではないということでしょうか。

他方、マンション群から数キロ圏内の同じ地区内であるにもかかわらず、駅周辺の地域住民からは、町会存続の危機に瀕しているという発言がなされました。その一端には、外国籍の住民の増加があると思われます。

たしかに、アパート住まいの外国人労働者が、会費を払ってまで町会に入る積極的な動機づけは見いだせないかもしれません。二〇一八年「出入国管理及び難民認定法等改正法」により、人材を確保することが困難な状況にある産業上の分野に属する技能を有する外国人にかかる新たな在留資格（特定技能）が設けられました。生産年齢人口の大幅な減少にともない、外国人労働者の流入がいっそう進むことが予想されるなかにあって、こうした人びととの地域での共生は、この本が主として念頭におく「地域共生社会」のさらに先にあるテーマであるとはいえ、地域によってはすでに取り組むべき非常に重要な課題となりつつあるのです。

現役世代のかかわり

最近の社会保障制度改革においては、地域包括ケアシステム構築に向けた法律改正や、地域共生社会の強化に向けた実践が進んでいます。ただし、地域包括ケアシステムも地域共生社会も、社会保障がめざすべき社会モデルであるという位置づけがなされてはいるものの、高齢者、障害者、生活困窮者など、さまざまな生活上の困難をかかえる住民をいかにして地域で支えていくかに主眼があるようにみえます。

これに対し、政府が描く地域包括ケアシステムや地域共生社会の概念図を見ても、その「地域」に本来居住しているはずの現役世代の顔がみえません。医療や福祉などの担い手（専門職）や行政職員を除くと、地域住民で活躍が期待されているのはせいぜい「元気高齢者」くらいではないでしょうか。しかし、こうした限定的な住民のかかわりによって形成される「地域」には、おのずと限界があるように思われます。

平日に職場で働く現役世代や、生徒・学生などを、ボランティア活動などを通じて、「地域」

にどう組み込むのか、そして企業などの「職域」を構成する組織による「地域」とのつながりや貢献を、どのように構想するかを、概念図に描きこめないようであれば、「地域共生社会」は、結局のところ、生活困窮者などのための局所的な制度理念にとどまってしまう可能性があります。このことは、突き詰めていえば、民主主義と地方分権(あるいは住民自治)の新しいかたちをどう構想していくのか、そして経済と社会の新たな関係性をどう描いていくのかといった、大きなテーマともかかわっているのです。決して「福祉」の世界の議論で収束できるようなものではありません。

こうした意味でも、この章の2で紹介した久留米のような取り組みは、職場や家庭での役割を担う現役世代を組み込んだ地域を描く新たな構図を示唆しているように思われます。

公的年金の財政は

高齢者や障害者が生活を営んでいくうえで、重要な役割を果たしている社会保障制度として、公的年金があります。この制度は、超長期にわたる仕組みであるため、人口推計、労働力率、経済状況など、数多くの将来にわたる前提条件をおいたうえでの制度設計をしなければなりません。ただし、こうした諸前提は不確実なものであるため、定期的な見直しを必要とし、五年ごとに財政検証をおこなうことになっています（国民年金法四条の三、一六条の二、厚生年金保険法二条の四、三四条）。所得代替率（現役世代の平均的な賞与込みの手取り賃金額に対する新規裁定時の年金額の割合）が五〇％を下回ることが見込まれる場合、所要の措置を講じるものとされているため、財政検証の結果は毎回注目されています。

公的年金には、従前から、年金の実質水準を維持するため、物価や賃金の変動率に応じて改定する年金額のスライドという仕組みが組み込まれてきました。二〇〇四年改正で新たに導入されたマクロ経済スライドの仕組みは、賃金や物価が上昇しても現役被保険者の減少率や平均余命の伸びを勘案した「調整率」を設定して、その分だけ賃金や物価の上昇分から控除する（ただし、名目年金額を下回らない範囲でおこなう）ことにしました。これにより、保険料率を将来にわたり固定化する一方、所得代替率が緩やかに低下し、将来的には一定になることで、年金財政が安定化することが見込まれています。

地域経済への貢献

ただし、年金制度の持続可能性を図っていくうえでは、日本経済の一定の成長が必要であることも確かです。たとえば、二〇一四年財政検証結果によれば、モデル世帯の所得代替率は、二〇一四年度は六二・七％であるのに対し、経済が低成長のケースでは四〇％を割り込むような低下が見込まれています。公的年金が、大多数の退職高齢者の主要な収入源であること、そして医療や介護の費用負担が今後さらに膨らんでいくと予想されることを考えると、なおさらそのことに思いをいたさざるを得ません。地域への着目と経済成長は、二者択一のものとしてとらえるのではなく、両立する（させる）ものとして考えるべきでしょう。

他方、年金給付額の対県民所得比は、島根県で一九・七％、対家計最終消費支出費は、同県で二六・五％と、全国でもっとも高くなっています（第一七回社会保障審議会年金部会〔二〇一三年一一月二七日〕資料）。とりわけ過疎県において、公的年金は地方経済の下支えとなっているのです。また医療・介護供給体制の整備が、地方の雇用創出に及ぼす影響も見逃せません。社会保障制度が、経済成長に貢献する側面にも、さらに注目していく必要があります。

年金委員と年金事務所

このように、公的年金は、高齢者や障害者など多くの地域住民の生活基盤を支えているだけでなく、地域経済を支える重要な役割も果たしています。したがって、地域包括ケアや地域共生社会の構想においても、公的年金の位置づけが欠かせません。

具体的には、もっと年金委員や年金事務所の役割に注目してもよいのではないかと考えます。このうち年金委員は、日本年金機構法三〇条にもとづき設置されている民間の協力員で、各事業所におかれる職域型と、各地域におかれる地域型があります。

埼玉県や神奈川県などでは、年金の啓発、相談、助言活動をおこなう地域型年金委員が県単位で組織化されています。町内会や老人クラブでの年金相談、相談者の年金事務所や市区町村への誘導、自治会などでの制度説明会の実施など、その活動内容は広範に及び得るものです。ただ二〇一七年度末で全国計四七六九名と人数が限られていること、地域での知名度が広がっていないこと、必ずしも活発な活動がなされているわけではないことなどの課題はあります。

しかし、年金相談などを通じて、家族関係なども含めた生活課題を受けとめ、相談支援ネットワークへとつなげるための端緒となり得る社会資源として、地域型年金委員は一定の可能性を秘めていると考えられます。リタイアした年金事務所職員や社会保険労務士のほか、自治会長や民生委員などが兼務することにより、年金委員は、前の2で述べた「地縁型コミュニティ」の限界を抱えながらも、一定程度、地域で役割を果たしていくことが期待されるでしょう。

全国各地に存在する年金事務所も、予約制の活用などを含めた年金相談窓口の抜本的な体制見直しに鋭意取り組んでいます。一定数の来所者が、老齢・退職、障害、家計維持者の死亡といった人生の転機となるような要保障事由の発生に関連して、相談窓口を訪れることからすれば、その相談支援体制を、地域包括ケアや地域共生社会のネットワークと結びつけることで、地域住民を中心にすえた重層的な生活支援体制のさらなる充実が図られ得ると思われます。

権利擁護と成年後見

二〇〇〇年に導入された介護保険は、行政による一方的な福祉サービスの利用関係設定の仕組み(措置制度)を、利用者と事業者・施設とのあいだの契約による利用関係の設定へと改めました。ただし、サービスの利用関係が契約により規律されるとしても、認知症など判断能力が十分でない人びとを対象とする権利擁護の仕組みがなければ、契約にもとづくサービスの「選択」は、絵に描いた餅に終わってしまいます。

そこで、介護保険制度導入と軌を一にして、民法等改正により新たな成年後見制度が設けられました。ただし、介護サービス受給者数が大幅に増加したのとは対照的に(二〇〇〇年の一四九万人から二〇一六年の五五四万二〇〇〇人へ)、成年後見制度の利用者数は二〇一七年末現在、二一万二九〇人にとどまり、十分には普及していません。そこで、二〇一六年、議員立法で成年後見制度利用促進法が成立し、成年後見制度の利用の促進を国が主導する仕組みを設けるとともに、従前の内閣府に代わって厚生労働省が中心的に関与することになりました。

成年後見制度に関しては、自己決定権の尊重、残存能力の尊重、ノーマライゼーションといった制度の理念に照らして、「代行決定」による本人保護という従来のアプローチに疑問が呈され、本人の地域生活を支えるにあたっての「意思決定支援」というアプローチの重要性が指摘されるようになってきました。こうした最近の発想は、認知症の高齢者や知的・精神障害者など、さまざまな困難を抱える人びとの生活を、地域でいかにして支えていくかという点で、「地域包括ケア」「地域共生社会」の理念と大きく重なり合う面があります。

ただし、ともすると成年後見にたずさわる専門家の世界では、成年後見制度を中核にすえた地域連携ネットワークの絵を描きがちであるようにもみえます。しかし、権利擁護にたずさわる法律家などは、複雑かつ法的な課題を抱えた人びとの生活支援の節目ごとに、扇の要として重要な役割を果たす存在であるとしても、人びとの日々の生活に常に「寄り添い」「伴走」しながら支援するという意味での中核的存在とは、必ずしもいえないように思われます。

「地域包括ケア」「地域共生社会」を描く全体図のなかの一角に、成年後見をはじめとする法的支援は位置づけられるべきものでしょう。ただし、相談支援にあたる福祉専門職などがあらゆる処遇困難者の「意思決定支援」を担うことができるわけではなく、成年後見人などとの連携が必要となる局面があることもまた、十分踏まえておく必要があります。

4 地域志向型議論の射程

財政的基盤の確保

これまでも、日本では、持続可能な日本社会を構築していくため、「地域」に焦点をあてた議論が展開されてきました。ただし、従来の議論の多くは、広井良典氏(京都大学教授)の「定常型社会」論に象徴されるように、国家レベルでの経済成長の不可欠性とやや距離をおくものであったようにも思われます。

しかし、実際には、社会保障と経済成長は一定程度不可分に結びついており、高度に発展を遂げた資本主義経済を前提にすえた場合、日本経済の一定の成長にもとづく財政的な基盤の確保を抜きにして、社会保障の持続可能性を論じることは困難であることを認識する必要があります。先の3で述べたように、公的年金がその典型例といえます。

まちづくりの必要性

この本で論じてきたように、相談支援をひとつの核とした地域共生社会に向けた取り組みは、社会保障の歴史的な発展過程の延長線上に、いわば必然的に位置づけられるものです。このことを通じて、社会保障の重要な基盤となる地域の再構築につながることが期待されます。

ただし、そうした社会保障や社会福祉の取り組みだけで、本来的な意味での「地域社会」の再生をなし遂げるのがむずかしいこともまた、認めなければなりません。産業振興による雇用創出、住宅整備、文化振興、そして学校教育のみならず、社会教育・福祉教育などを含む広義の「教育」などとの関連も考慮に入れた「まちづくり」の構想も必要です。相談支援の充実による地域の再生の重要性をどんなに強調しても、全体としてのまちづくりの発想がなければ、長期的な地域の持続可能性を維持していくのは困難です。このことは、福島第一原発事故で全町避難を余儀なくされた自治体の住民帰還をめぐる地域コミュニティの再構築をめぐる過程を垣間見るなかで、痛切に感じざるを得ません。

その意味では、社会保障や社会福祉の枠組みを超えた幅広い行政領域にわたる対応が不可欠となります。省庁ごとのタテ割りになっている国よりも、住民に近いところで生活そのものを支える基礎自治体（市町村）でこそ、そうした総合的な取り組みに向けた柔軟な発想が期待されるといえるでしょう。

都市部と地方部

「地域」のあり方を論じるにあたっては、全国一律の「地域」ではなく、都市部と地方部(とりわけ過疎地域)を意識的にわけた議論が必要です。地方においては、人的資源の絶対的限界という深刻な課題に直面せざるを得ない一方、相対的に「人の顔がみえる」コミュニティであるというメリットもないわけではありません。他方、都市部では、若者も含めた人的資源へのアクセスが比較的容易である一方、定常的かつ安定的なコミュニティを維持、確保するのが相対的にむずかしいかもしれません。全国一律に政策の「網」をかぶせるのではなく、地域の特性に応じたきめ細かな対策を講じること、地域の創意工夫に向けた自助努力をできる限り尊重し、支援することが、地域包括ケアや地域共生社会などを含めた政策展開の場面において、国などの政策立案者に求められる視点であるということを、強調しておきたいと思います。

「まちづくり」に関しての基礎自治体への期待とも関連して、「制度」をつくる側には、制度の向こうにあって、現場で人と人がつながろうとするベクトル(すなわち地域をつくろうとする力)を遮断せず、否むしろ積極的に促進するような創造(想像)力をもっていてほしいと、切に望みます。

おわりに——社会保障制度の再構築に向けて

いままで考えてきたこと

家族形態が多様化し、地域社会の結びつきが希薄化し、非正規労働者の増大など格差の拡大や固定化が指摘される今日にあって、社会保障を将来にわたって持続可能なものとしていくことは、そう容易なことではないかもしれません。

しかし、二〇世紀以降、先進諸国において、各国ごとの社会的・文化的・政治的背景によって特徴づけられ、発展を遂げてきた社会保障制度が、人びとの生活の安定のために大きな貢献を果たしてきたことは間違いありません。ある意味では、人類が生み出した英知のひとつといえるでしょう。この仕組みを今後も維持し、次の世代につないでいくことが、今日に生きる私たちにとっての大変重要な課題といえます。

この本では、社会保障制度の再構築に向けた処方箋として、おおむね以下の諸点について論じてきました。

第一に、社会保障の持続可能性を支える社会的な基盤として考えられる家族、企業、地域がいずれも脆弱化しつつあるなかにあって、今後もっとも期待されるのは、地域に着目した社会的な基盤の再構築であることを明らかにしました。

第二に、社会保障の持続可能性を支える市民的な基盤として、社会保障を将来にわたって支えていこうとする市民の意識が重要であるとともに、そうした市民意識の支えとなる確固たる社会保障の理念的な基盤を欠いてきたという問題意識のもとで、個人の自律の支援を基礎にすえた社会保障法理論の展開を試み、従来の社会保障制度で明確には意識されてこなかった相談支援の位置づけの必要性を明らかにしました。

第三に、社会保障制度をめぐる不信感や不公平感が増長し、社会保障の持続可能性を支える市民的な基盤がゆらいでいるなかにあって、個別具体的な社会保障制度改革による市民的な基盤の再構築のための方策の一端を提示しました。

第四に、社会保障の持続可能性を高めることを念頭において、相談支援や地域社会、事業といった取り組みや概念を取り上げ、法学研究者の立場からの分析を通して、社会保障の再構築に向けた課題を明らかにしました。

そして第五に、相談支援を中核にすえた地域づくりをおこなっている全国各地の取り組みに示唆を得ながら、地域指向型アプローチを展開していくうえでの諸々の課題を提示しました。

最後に、私が社会保障制度の再構築にあたって重要と考えるいくつかの事項を指摘して、この本の考察を終えたいと思います。

世代的に融和するためには

第一に、超高齢社会、そして人口減少社会の到来にともない、現役世代と高齢者世代の比率が大きく変化する状況下にあって、世代間の公平という観点から、ともすれば利害が対立しがちな高齢者世代を、制度上別建てにすること、あるいは負担と給付の面で異なった基準を設けることは極力避け、世代融和的な仕組みを設けることが必要です。

以下では、医療保険と介護保険を例に挙げてみましょう。

高齢者医療制度の問題点

高齢者医療に関する特別な対応は、一九七二年老人福祉法改正により、七〇歳以上(寝たきりなどの場合、六五歳以上)の高齢者に対する老人医療費支給制度を導入し、医療保険の自己負担をなくし、老人医療費を無料化したことにさかのぼることができます。当時は、年金による高齢者への所得保障がまだ不十分だったため、この施策は積極的な意義をもっていました。

ところが、制度導入直後から、高齢者の受診率が高まるとともに、老人医療費が著しく増大し、医療保険財政を圧迫する事態を生じたのです。このため、一九八二年老人保健法により、再度、受診時自己負担が設けられました。これにより、老人保健法の対象となる七〇歳（その後、七五歳に引き上げ）以上の高齢者（および六五歳以上の寝たきりなどの高齢者）は、健康保険や国民健康保険などの医療保険制度に加入する一方、市町村長が医療を実施することとされ、その費用は患者の自己負担のほか、公費（五割）と保険者拠出金（五割）でまかなわれることになりました。

拠出金の額は、各保険者の老人加入率が全制度平均の老人加入率であると仮定して算定されました。実際には、会社員の加入する健康保険には高齢者が少なく、定年退職者が加入する市町村運営の国民健康保険は多数の高齢者を抱えていたため、健康保険から国民健康保険への財政調整の仕組みであったといえます。

しかし、老人保健制度に対しては、老人医療費が増大するなかで、①主要財源である保険者拠出金のうち、現役世代の保険料と高齢者の保険料が区分されておらず、現役世代と高齢者の費用負担関係が不明確である、②高齢者に対する医療の給付を市町村がおこなう一方、財源を公費と保険者拠出金でまかなう仕組みは、保険者が保険料の決定や給付をおこなう国民健康保険や健康保険と比較して財政運営の責任が不明確である、といった問題点が指摘されました。

また、高齢者のなかには、子どもなどの扶養に入り、健康保険の被扶養者として保険料を負担しない人たちも少なくありませんでした。

こうした事情を背景として、二〇〇八年四月、「高齢者の医療の確保に関する法律（高齢者医療確保法）」が施行されました。この法律は、六五歳から七四歳までの前期高齢者にかかる保険者間の費用負担の調整の仕組みを設けるとともに、七五歳以上の後期高齢者を対象とする新たな制度を設けました。

このうち、前期高齢者の仕組みは、改正前の老人保健制度の下での拠出金制度と同様、どの保険者も全国平均の加入率で前期高齢者が加入しているものと仮定して、加入率が全国平均を下回っている場合、前期高齢者納付金を拠出し、全国平均を上回っている場合、前期高齢者交付金を受給し、財政調整を図るというものです。これに対し、後期高齢者の仕組みは、従来と異なり、都道府県の区域ごとに広域連合と呼ばれる公法人を設立し、広域連合が保険者となる独立した制度（後期高齢者医療制度）を設け、後期高齢者（寝たきりなどの場合、六五歳以上）のみが加入することにしました。給付にかかる費用の負担は、五割を公費で、一割強を後期高齢者の支払う保険料でまかなうとともに、それ以外の部分は、現役世代の加入する健康保険、国民健康保険などの保険者が支払う後期高齢者支援金をもってあてることにしました。

たしかに、健康保険などの被扶養者であった後期高齢者を、給付のみならず拠出の主体（被保険者）として位置づけた点は、この本が依拠してきた個人の自由や自律を重視する社会保障法理論の立場から積極的に評価することができます。しかし、七五歳以上の高齢者を、現役世代の保険の仕組みから切り離し、別建ての制度のもとにおき、現役世代からの一方的な所得移転（仕送り）の受益者として位置づけた点には疑問があります。

こうした政策選択は、一九九九年八月に厚生省医療保険福祉審議会制度企画部会から出された答申「新たな高齢者医療制度のあり方について」で、高齢者医療制度の理念型とも言える四つの案（①すべての高齢者を対象とする独立した保険制度を創設する「独立保険方式」（現在の後期高齢者医療制度の原型）、②被用者OBを対象とする新たな保険者を創設し、その医療費を被用者保険グループで支える「突き抜け方式」、③現行の保険者を前提とし、保険者の責任によらない加入者の年齢構成の違いによる医療費の不均衡を是正する「年齢リスク構造調整方式」（現在の前期高齢者の費用負担調整の原型）、④現行の医療保険を職業・年齢を問わず一本化する「一本化方式」）が提示されて以来、長きにわたる議論の末になされたものです（次ページ図3）。

しかし、同一の保険者の内部での相互扶助としてではなく、保険者相互間において、現役世代から高齢者世代に向けた一方的な「仕送り」がなされている現実を正当化するに十分足りる

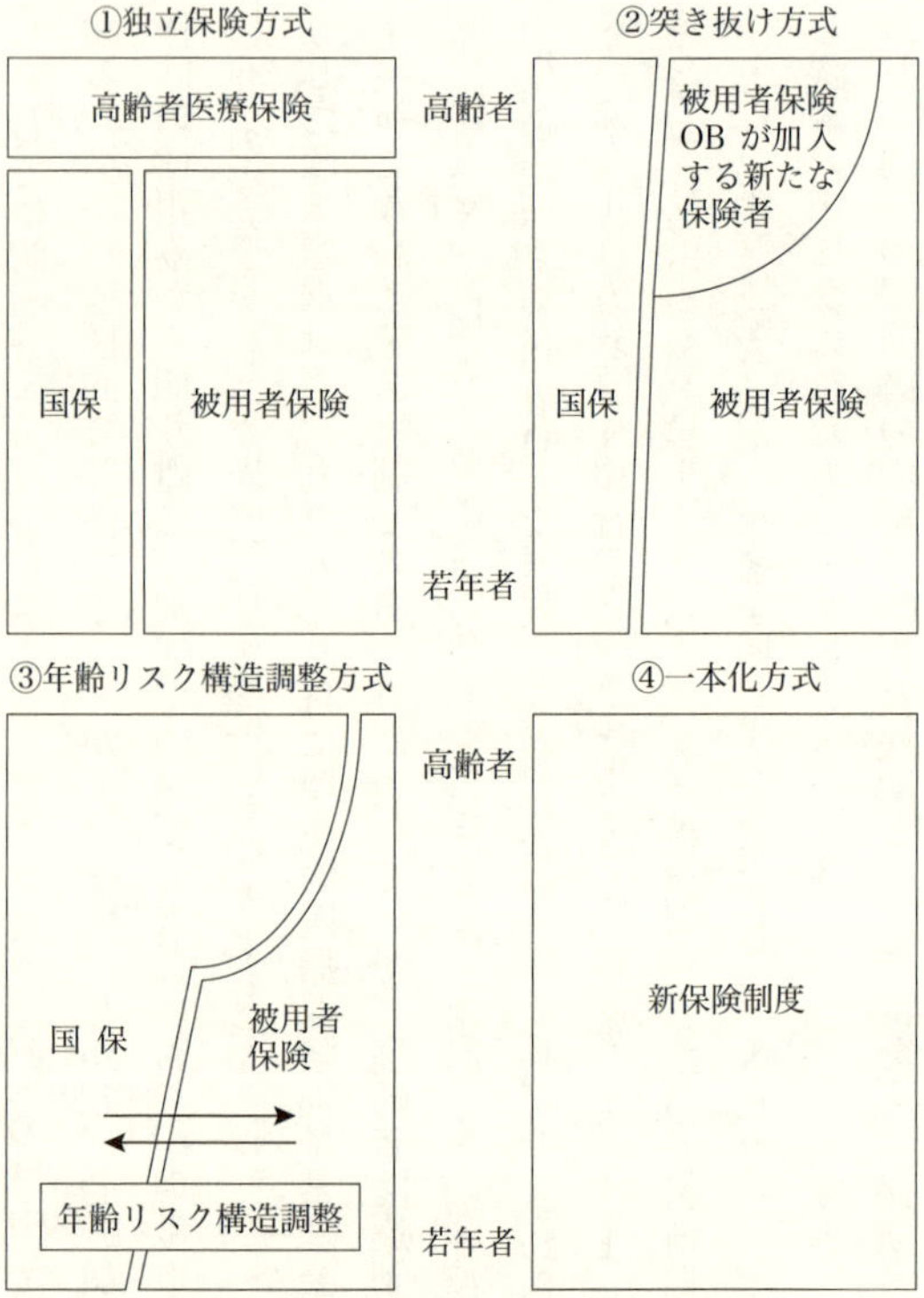

出典：厚生労働省資料をもとに筆者作成

図３　高齢者医療制度の見直しの４類型

だけの安定した社会的、市民的な基盤があるのかについては疑問があります。この本でも指摘したように(第4章1)、後期高齢者医療制度に対する現役世代の保険者、とりわけ健康保険組合の支援金の財政負担が重荷になり、このこともあり解散に追い込まれる組合が生じているという現実もあります。

こうした現状を前提とした場合、世代分断型の現行制度の仕組みを、将来に向けて維持していくことについては、いまあらためて問われているように思われるのです。

他方、医療保険制度では、全国健康保険協会が都道府県単位での保険料設定となり、国民健康保険も財政面で都道府県単位化が進むなど、都道府県に収斂《しゅうれん》する方向性がみえてきました。日本の医療保険制度は、「被用者」を対象とする健康保険(健保)と「非被用者」を対象とする国民健康保険(国保)にわかれています。ただし、「農林漁業従事者」「自営業者」といった特定の職種に着目した積極的な区分ではなく、「被用者以外」の人びとがすべて国保に加入するという意味で、国保はいわば「残余的な集合体」のようにも見えます。「被用者」保険とはいえ多くの非正規労働者が、健保の適用対象から除外されている現実もあります。

サラリーマンと異なる自営業者などの所得把握の困難さが、制度の統一をはばむ大きな理由として挙げられてきましたが、マイナンバーカードの活用といった今後の方向性も考えられるなかで、そろそろ都道府県での医療保険の財政単位の一元化（健保と国保の一本化）を、いま一度、議論の俎上《そじょう》に載せてもよいのではないでしょうか。

介護保険との統合

次に、介護保険の普遍化をめぐる議論が挙げられます。

二〇〇〇年に実施された介護保険の対象となる被保険者は、六五歳以上の第一号被保険者（介護保険法九条一号）と、四〇歳以上六五歳未満の第二号被保険者（同条二号）からなっており、四〇歳未満の人は介護を必要とする状態であっても対象となりません。また、第二号被保険者は「加齢に伴って生ずる心身の変化に起因する疾病等」（同法一条）に関してのみ保険給付がなされるにとどまり、たとえば交通事故による要介護状態には、保険料を納付しているにもかかわらず保険給付がおこなわれません。事実上、「高齢者」介護保険となっているのです。

要介護状態にある若年障害者への適用拡大については、介護保険法の立法当初から課題となっていました。このことは、介護保険法の構造と、二〇〇五年に制定された障害者自立支援法の構造を比較すると、社会保険の仕組みと公費の仕組みの違いがあるにもかかわらず、非常に似かよっていたことから、両者の統合が視野におかれていたことがうかがえます。ただし、この点は、二〇〇五年の段階でも決着がつかず、介護保険法改正で、被保険者・受給者の範囲については社会保障に関する制度全般との一体的な見直しとあわせて検討し、改正法施行後五年を目途として所要の措置を講じるものとされました。

しかしながら、障害者自立支援制度に対しては、制定当初から多くの批判がなされました。なかでも批判の矛先が向けられたのが、サービス利用者に課される負担が、所得水準に合わせた応能負担に代わって、介護保険制度との将来的な統合を見すえた原則一割の定率利用者負担（応益負担）となったことでした。相対的に低所得者が多く、低負担にとどまっていたのが、定率負担になったことで負担増となる利用者が多かったことや、福祉サービスによるサポートがあってこそ地域での生活を送ることができる障害者（たとえば、先天性の脳性麻痺などの重度障害を念頭においてみてください）に対して、「受益者」としての負担を課すことに対する反発から、規定が憲法違反であるとして、二〇〇八年以降、全国各地で訴訟が提起されたのです。

おりしも、二〇〇九年夏の衆議院議員総選挙により、障害者自立支援法廃止をマニフェストに掲げた民主党が政権の座に就き、二〇一〇年一月、政府は、訴訟原告団および弁護団とのあいだで裁判上の和解を成立させ、国はすみやかに定率負担制度を廃止し、障害者自立支援法を廃止する旨の基本合意文書を取り交わしました。この基本合意を受けて、利用者負担につき応能負担を原則とするかたちで法律が改正され、現在では、障害者自立支援法は障害者総合支援法(「障害者の日常生活及び社会生活を総合的に支援するための法律」)へと名称も変更されています。

ただし、介護保険との統合は、依然として将来的な検討課題として残されています。もちろん、障害者の多様なニーズを介護保険ですべてカバーすることは、とうていできませんし、障害者福祉サービス固有の制度の必要性が失われることもあり得ません。しかし、そうであっても、介護サービス自体に対する基本的ニーズは、要介護高齢者と若年障害者とのあいだで共通する部分があることから、その部分について統合を図り、若年世代も含めた介護保険制度にすることが望ましいと考えます。

その理由としては、第一に、日本では公費よりも社会保険料のほうが人びとの抵抗感が少ないため、被保険者の範囲を拡げることで保険財政上のメリットがあるということがあります。それに加えて、現状では公費による障害者福祉予算は社会保障予算全体と比べてかなり伸びているものの(二〇一九年度厚生労働省予算全体で二・九%の伸びに対し、障害福祉サービス関係費は八・九%の伸び率)、こうした傾向が将来にわたって約束されているわけではありません。社会保険料による安定した財源の確保のために、介護保険の普遍化は、障害福祉サービス利用者にとってもメリットが大きいと思われます。

第二に、より重要なのは、要保障事由としての障害の特殊性です。社会保障が対応すべきものとしてとらえられてきた諸々の要保障事由のうち、ほとんど誰しもが経験する老齢や疾病などと異なり、障害が比較的共有化しがたい性格をもつことは否定できないでしょう。介護保険も、高齢期になれば、少なくない人に介護リスクが現実化するという点で、支持を得やすいのではないかと思われます。そうした高齢者の介護リスクに対処するための仕組みを、若年障害者への福祉サービスの仕組みと部分的に統合し、リスク分散の性格をもつ社会保険の仕組みのもとで普遍化することは、後に述べる差別禁止アプローチと同様、障害を社会的に共有可能な要保障事由として把握し、積極的に対処していこうとする人びとの規範意識を、涵養することにつながるのではないでしょうか。

障害者への差別禁止

第二に、日本では、憲法二五条のいわゆる生存権規定により、実体的な給付による「健康で文化的な最低限度の生活」の保障がなされ、一定の「結果（帰結）の平等」が保障されてきたということが可能です。ただし、こうした「社会権的（あるいは福祉的）アプローチ」を通じて、対象者に対して個別に金銭、現物、サービスの充実を図るのみでは、国と個人のあいだにおける保障関係を通じて、個々人の福利(welfare)が向上し、ニーズの充足が図られるにとどまり、問題の社会的な解決に向けた横の広がりがみられない可能性が多分にあります。

こうした観点から、憲法一四条一項の「法の下の平等」に基礎をおく「平等・差別禁止アプローチ」の導入が正当化されることになります。

従来、日本の障害者法制は、福祉サービスの充実や雇用率制度を通じて、障害者の権利保障を図ってきました。

雇用率制度とは、障害者雇用促進法を根拠として、一定の基準雇用率を下回る事業主に対し、障害者雇用納付金の納付義務を負わせる一方(同法五三条、五四条一項二項)、これを上回る事業主に対し、障害者雇用調整金を支給する仕組みです(同法五〇条一項)。ただし、この仕組みのもとでは、個々の障害者は、事業主に雇用義務が課されることを通じて間接的に利益を受けるに過ぎず、権利保障という発想に乏しかったといわざるを得ません。保護の「客体」から権利の「主体」へと、障害者施策の転換を迫った障害者権利条約以降の国際的な潮流に適合させるため、差別禁止アプローチの必要性が強く意識されるに至ったのです。このアプローチは、個人に対する給付をもって完結するのでなく、障害者と他の者との平等を基礎として、障害に対する差別を広く禁止することを通じて、社会改革を求めるものといえます。

障害者差別禁止との関連では、二〇一三年障害者差別解消法（「障害を理由とする差別の解消の推進に関する法律」）により、障害を理由とする不当な差別的取扱いのほか、「必要かつ合理的な配慮の不提供」も差別とされるに至りました。雇用分野についても、同年、障害者雇用促進法改正により、同様の差別禁止規定がおかれています。

第2章1で述べたように、障害者差別解消法による不当な差別的取扱いおよび合理的な配慮の提供が、行政機関などには法的義務とされています（同法七条一項二項）。それに対して、民間事業者の場合、不当な差別的取扱いが法的義務とされる一方（同法八条一項）、合理的な配慮の提供が努力義務にとどめられ（同条二項）、法的な保護としては不十分です。これは、雇用分野における合理的な配慮の提供については、民間事業者であっても、過重な負担でない限り法的義務が課されるのと対照的です。

平等・差別禁止アプローチは、障害をもつ人びとを権利の主体としてとらえるものであり、この本が重視する「自律」や「実質的機会平等」といった価値を実現するための強力な手段となり得るものです。のみならず、このアプローチを推進することで、差別にもとづく社会的な排除の状況に対する包摂策を強力に推進し、社会保障の持続可能性を支える市民的な基盤を再構築していくことにもつながるものと考えます。

恒常的な議論の場をつくる

第三に、政治過程において、社会保障を必要以上に「政争の具」にしないための仕組みづくりが求められます。

社会保障は、国、地方を問わず選挙の際の主要争点であり、恒常的に議論の的となっています。ただし、それが日々の生活に密接にかかわるものである以上、その時々の政治状況において場当たり的に制度改正を繰り返していたのでは、人びとの生活を不安定にするだけでなく、制度に対する信頼感や安心感を失わせ、持続可能な社会保障制度の構築のための社会的、市民的な基盤をますます掘り崩すことになりかねません。とりわけ、超長期にわたる制度設計が必要な年金制度などは、いったん大きく変更したならば短期間で再変更するのになじまない性格をもちます。

一九四八年、内閣総理大臣の所轄に属し、社会保障制度につき調査、審議および勧告をおこなうことを目的として、社会保障制度審議会が設置されました。この審議会は、数々の勧告、建議、答申などをおこない、なかでも有名なのが、前にも説明した一九五〇年の「社会保障制度に関する勧告」(いわゆる五〇年勧告)です。このほか、経済成長による所得格差の拡大などに対処することをねらいとした一九六二年「社会保障制度の総合調整に関する基本方策についての答申および社会保障制度の推進に関する勧告」、二一世紀高齢社会にふさわしい社会保障の再構築をめざした一九九五年勧告「社会保障体制の再構築——安心して暮らせる二一世紀の社会を目指して」も有名です。この審議会は、二〇〇一年の中央省庁再編にともない廃止され、その任務の一部については、内閣府におかれた経済財政諮問会議に統合されました。

社会保障制度審議会は、有識者のみならず与野党の国会議員もメンバーとなっていた点に特徴がありました。党派を超えて社会保障制度のビジョンを議論する恒常的な場を、かつての社会保障制度審議会にならって、もう一度復活してはどうでしょうか。

二〇一七年一二月、二兆円規模の「新しい経済政策パッケージ」が閣議決定され、幼児教育や高等教育の無償化にそれぞれ八〇〇〇億円を配分する方向性が示されました。これは、消費税率の八%から一〇%への引き上げにともなう増収分の配分に着目した政策展開であり、高齢者中心型社会保障から全世代型社会保障への転換を謳《うた》った二〇一三年社会保障制度改革国民会議報告書の方向性にも沿ったものといえます。

ただし、こうした多額の財源配分のあり方も、そのつど、中長期的な観点から政策理念を検討する場での議論を通しておくことが、望ましいのではないでしょうか。最終的には選挙を通じての政策選択に委ねられるとしても、負担の増大や給付の適正化といった国民にとって不人気な選択もおこなわざるを得ない(今後ますますそうした選択を迫られる)以上、恒常的に党派を超えて議論する場を設け、継続的に議論することに対するニーズは、ますます高まっているといえます。

この点で、二〇一二年社会保障制度改革推進法により、社会保障制度改革の基本的考え方や基本方針が、与野党合意のもとで定められたことは、積極的に評価できます。こうした取り組みを今後とも模索するほか、先に述べたように、審議会形式で、有識者や政治家などから構成される常設の会議体を設けることを提案します。

さまざまな世代とともに

最後に、社会保障教育の推進を挙げておきます。二〇一五年公職選挙法改正により、選挙権年齢が一八歳以上に引き下げられた際、高校生などを対象に主権者教育がなされました。二〇一六年参議院選挙の際の一〇代の投票率は、全国平均を下回ったものの、二〇代を上回ったといわれています。

日本では、少子高齢化により、選挙権をもつ有権者に占める高齢者の割合が今後ますます増大していきます。若年世代より高齢者世代の投票率が高いという現在の投票行動の傾向が、今後とも変わらないとすれば、高齢者の政治への発言力がさらに強化され、政治家はますます高齢者の意向に反する政策を打ち出すことがむずかしくなるでしょう。こうしたシルバー民主主義に対処するためにも、主権者教育を地道におこなうことを通じて、教育を受けた世代が年齢を重ねるにつれ、若者や現役世代の投票率が上昇することが期待されます。

主権者教育のみならず、若年世代に対しては、社会保障に特化した教育をよりいっそう充実することも必要です。小・中・高生に対しては、既存の学科目のみならず、環境問題、消費者保護、ワークルール(労働法)など、さまざまな分野の社会的知識の習得の促進が求められています。社会保障分野を重視した教育に多くの時間を割くことはむずかしいかもしれません。しかし、若年世代に働きかけ、社会保障の仕組みや制度を支える基本的な考え方を知ってもらうことは、この本を通じて述べてきた社会保障の持続可能性を支える市民的な基盤を確保する一助になり得るのではないでしょうか。こうした教育は、学校での対応に限らず、若年世代にも限定せず、たとえば地域づくりの一環として、年齢や職業を問わず地域で暮らす人びとへの福祉教育といったかたちでもおこなわれてよいように思われます。

こうした試みは、受験や資格試験のための準備と異なり、ただちに明確な「成果」に結びつくものではないかもしれません。しかし、（知識の伝達にとどまらない）「教育」という営みも、「教える―教えられる」という一方向的なものではない相互的な関係性の構築が前提にあるとすれば（私はそう考えています）、そうした努力を地道に積み重ねることによって、持続可能な社会保障制度を支える市民的な基盤の確保に、少しでも寄与できるのではないでしょうか。

主要参考文献

塩野谷九十九ほか訳・高橋武解説『ＩＬＯ・社会保障への途』（東京大学出版会、一九七二年）

荒木誠之『社会保障の法的構造』（有斐閣、一九八三年）

――――『社会保障法読本（第三版）』（有斐閣、二〇〇二年）

有田謙司「『就労価値』論の意義と課題」『日本労働法学会誌』一二四号（二〇一四年）

飯島淳子「『社会』改革と行政法理論」（宇賀克也ほか編『現代行政法の構造と展開』有斐閣、二〇一六年所収）

猪飼周平「ケアの社会政策への理論的前提」『社会保障研究』一巻一号（二〇一六年）

井出栄策ほか『分断社会を終わらせる――「だれもが受益者」という財政戦略』（筑摩書房、二〇一六年）

岡田正則「福祉サービス供給の拡充と地域自治――自治体内分権の視点から」『社会保障法』二五号（二〇一〇年）

菊池馨実『社会保障の法理念』（有斐閣、二〇〇〇年）

――――『社会保障法制の将来構想』（有斐閣、二〇一〇年）

――――「貧困と生活保障――社会保障法の観点から」『日本労働法学会誌』一二二号（二〇一三年）

――――『社会保障法（第二版）』（有斐閣、二〇一八年）

小林正弥「福祉哲学の新しい公共的ビジョン——コミュニタリアニズム的正義論とポジティブ国家」(広井良典編著『福祉の哲学とは何か——ポスト成長時代の幸福・価値・社会構想』〔ミネルヴァ書房、二〇一七年〕)
施光恒『リベラリズムの再生——可謬主義による政治理論』(慶應義塾大学出版会、二〇〇三年)
田中拓道「福祉政策における承認——フランスの最低所得保障改革を事例として」(田中拓道編『承認——社会哲学と社会政策の対話』法政大学出版局、二〇一六年所収)
——『福祉政治史——格差に抗するデモクラシー』(勁草書房、二〇一七年)
フランス・ドゥ・ヴァール、柴田裕之訳、『共感の時代へ——動物行動学が教えてくれること』(紀伊國屋書店、二〇一〇年)
広井良典『定常型社会　新しい「豊かさ」の構想』(岩波新書、二〇〇一年)
——編『「環境と福祉」の統合——持続可能な福祉社会の実現に向けて』(有斐閣、二〇〇八年)
ウィリアム・ベヴァリッジ、一圓光彌監訳『ベヴァリッジ報告　社会保険および関連サービス』(法律文化社、二〇一四年)
前田雅子「障害者・生活困窮者——自立支援の対象と公法」『公法研究』七五号(二〇一三年)
——「個人の自立を支援する行政の法的統制——生活保護法上の自立とその助長」『法と政治』六七巻三号(二〇一六年)
山本隆司「日本における公私協働」(稲葉馨ほか編『行政法の思考様式』青林書院、二〇〇八年所収)

あとがき

岩波書店から書籍執筆のお話をいただいたのは、一〇年以上も前にさかのぼります。同時並行的に多数の執筆作業をこなす器用さをもたない私は、当時、着手していた研究書と体系書を無事に刊行した後でよければ、ぜひ、日本の社会保障が直面する諸課題についての新書を書かせてくださいとお伝えしました。それでは、構想だけでも具体化しておきましょうということになったのですが、うまくまとめることができず、その作業は頓挫してしまいました。研究書と体系書の出版にはなんとか漕ぎつけたものの、新書の構想はその後もまとまらず、自分には一般読者向けの書物を書く才がないのだろうと、半ばあきらめの境地に入っていました。

そうしたなかでも、本書が刊行に至った背景には、いくつかの事情があります。

厚生労働省のある会議の後、傍聴に来ておられた岩波書店の坂本純子さんに声をかけていただきました。以前、別の仕事でご一緒したことがあり、久しぶりの再会でした。坂本さんは、生活困窮者支援をめぐっての私の発言に感銘を受けた、これからの社会保障を考えるうえで一般の人向けに本を執筆してはどうか、との趣旨のことをおっしゃって下さったのです。このテーマの関連で新書が書けないでしょうかという私の問いに、十分書けると思いますと、後押ししてくださったのが、岩波新書への再チャレンジを決意する大きなきっかけとなりました。

本書の基盤となったのは、社会保障の持続可能性を考えるという研究テーマへの取り組みでした。このテーマは、早稲田大学比較法研究所で二〇一〇年から二年間、所長を務められた棚澤能生教授のもとで、同研究所幹事として「持続可能社会と法律学――law and sustainability」というテーマの共同研究プロジェクトを開始したことに端を発するものです。棚澤教授には、日本法社会学会二〇一四年度学術大会ミニシンポジウム「持続可能社会における環境・社会・経済の統合」で、「『二一世紀型福祉国家』と持続可能性――震災復興支援を手がかりに」というテーマでの研究報告の機会を提供していただきました。その構想がようやく、学術論文(「社会保障と持続可能性」『社会保障法研究』八号(二〇一八年))としてまとまったのが、二〇一八年春のことでした。この本は、この論文の基本構想に依拠して、さらに肉づけをし、一般読者の方々に向けて、より丁寧に叙述したものになっています。

ここ数年、全国で最先端の「支援」の取り組みをしておられる実践家と知り合う機会が増え、現場の視察にお邪魔し、あるいは実践家の皆さんを前にしての講演の機会を設けていただくことがありました。もともと、大学院生のころから、私は、現場でモノを考えるのが習い性でした。いつの日か、理論と現場をつなぐ「架け橋」のような仕事がしたいと思っていました。現場の支援者の方々を前に、この本の骨子のようなお話をすると、「自分たちがやってきたことはこういうことだったんだと、納得できた」という趣旨の感想をいただくことが多くありました。自分が頭のなかで考えてきたことも、現場にとって何かしら役に立つ面があるのかもしれないと、少しずつ思うようになりました。

東日本大震災の後、当初は福島県浪江町、その後は福島第一原発事故で全町もしくは一部避難を余儀なくされた福島県浜通りの各自治体(楢葉町、富岡町、浪江町、南相馬市)に、継続的に入らせていただいています。今日に至るまで、同行する早稲田大学の学生たちを含め、現地の皆さんには、さんざんお世話になりっぱなしです。「あなたたちは、この土地のことを忘れずに、来てくれるだけでいい」とおっしゃってくださる方もおられますが、そういうわけにはいきません。何かお役に立てることはないだろうかと、常々考えています。

この本は、全国各地で「支援」に携わっておられる方へのエールであり、被災地で地域を再建しようと尽力しておられる方への恩返しであり、私がこれまでの研究生活で積み上げてきた理論と、最前線の実践とをつなぐ学問的な営為でもあります。

ただし、その議論の射程は、この本を通して述べたように、「支援者―被支援者」の関係や、被災地支援、地域づくりの枠組みにとどまるものではありません。〈地域〉というキーワードを軸として、大きな展開局面に差しかかっている日本の社会保障全体のあり方にまで及ぶものです。その場限りの表面的な言説に惑わされることなく、ひとりでも多くの人が、日本の社会保障がおかれた現状と将来に向けた課題をしっかりと認識することを通じて、持続可能な社会保障を構築していくための市民的な基盤を確立していく一助になるのではないかと考えました。

その際、抽象論ではなく、個別の社会保障制度のあり方をめぐる具体的な議論を積み重ねることで、できるだけ地に足のついた議論を展開するよう心がけました。「魂は細部に宿る」という言葉があるように、各制度の具体的な内容や相互関係をしっかり踏まえた議論でなければ、政策論としての説得力も、実現可能性も低いと思われるからです。しかし、この本のつたない試みがどこまで成功しているかは、読者諸兄姉のご判断を待つほかありません。

冒頭にも述べたように、この本全体を通じて、一般読者の方々にはおそらくあまりなじみがないであろう「社会保障法」という法分野を知るためのきっかけになればというのが、副次的なねらいでもあります。社会保障制度と同様、今日、社会保障法と社会保障法理論は大きな転換点に差しかかっています。その意味で、この本は、「地域を切り口とした社会保障法入門」という性格を併せもつといえましょう。

この本が刊行に至るまでに、私は地域や現場で活躍しておられる多くの方々から、多大なるご教示やご厚誼を頂戴しました。本文にお名前を挙げさせていただいたのは、そのうちほんの一部の方に過ぎず、本来、謝辞を述べなければならない方々のお名前を挙げるとすれば、優に数ページを費やすことになります。ただし、それにより、本来、お名前を挙げるべき方を、万が一にでも挙げ損ねるという失礼を犯すわけにはいきません。あえてお名前を挙げずに、この場をお借りして、お世話になった皆様に御礼を述べさせていただきたく存じます。ありがとうございました。また、いったん頓挫したこの本の構想が、日の目を見ることになったのは、岩波新書編集部の坂本純子さんのおかげにほかなりません。一般読者向けの新書であることを意識して、構成、標題、表現などを含む多くの助言をいただきました。この場をお借りして篤く御礼申し上げます。

最後に、この本で紹介した支援や地域づくりの事例は、全国各地で展開されている注目すべき取り組みのほんの一端に過ぎません。私の研究者としての任務は、こうした各地の実践活動を踏まえつつ、諸学問分野の知見も参考にしながら、新しい社会保障と社会保障法の理論を構想していくことにあります。この点で、この本での叙述は、まだほんの端緒に過ぎません。幸い、二〇一九年度から、助成金を得て共同研究プロジェクトを立ち上げることができました。怠らず、地道に、これからもその作業に取り組んでいきたいと思います。

二〇一九年七月

菊池馨実

（本書は、日本学術振興会科学研究費基盤研究（C）（一般）「人口減少社会における生活保障のあり方――原発被災地復興支援を題材に」（課題番号 16K03354）（二〇一六年度―二〇一八年度）（研究代表者：菊池馨実）、同基盤研究（B）（一般）「地域の再生を通した持続可能な社会保障制度の再構築」（課題番号 19H01420）（二〇一九年度―二〇二一年度）（研究代表者：菊池馨実）による研究成果の一部です）

菊池馨実

1962年，北海道札幌市生まれ．北海道大学大学院法学研究科博士課程修了(博士〔法学〕)．大阪大学助教授を経て，現在，早稲田大学法学学術院教授．
著書として，『年金保険の基本構造』(北海道大学図書刊行会)，『社会保障の法理念』『社会保障法制の将来構想』『社会保障法(第2版)』(以上，有斐閣)，『自立支援と社会保障』(編著，日本加除出版)，『社会保険の法原理』(編著，法律文化社)，『障害法』(共編著，成文堂)，『社会保障法(第7版)』(共著，有斐閣)，『ブリッジブック 社会保障法(第2版)』(編著，信山社)ほかがある．

社会保障再考
〈地域〉で支える
岩波新書(新赤版)1796

2019年9月20日　第1刷発行

著　者　菊池馨実《きくちよしみ》

発行者　岡本　厚

発行所　株式会社 岩波書店
〒101-8002 東京都千代田区一ツ橋 2-5-5
案内 03-5210-4000　営業部 03-5210-4111
https://www.iwanami.co.jp/

新書編集部 03-5210-4054
http://www.iwanamishinsho.com/

印刷・三秀舎　カバー・半七印刷　製本・牧製本

ISBN 978-4-00-431796-8　　Printed in Japan

岩波新書新赤版一〇〇〇点に際して

ひとつの時代が終わったと言われて久しい。だが、その先にいかなる時代を展望するのか、私たちはその輪郭すら描きえていない。二〇世紀から持ち越した課題の多くは、未だ解決の緒を見つけることのできないままであり、二一世紀が新たに招きよせた問題も少なくない。グローバル資本主義の浸透、憎悪の連鎖、暴力の応酬——世界は混沌として深い不安の只中にある。

現代社会においては変化が常態となり、速さと新しさに絶対的な価値が与えられた。消費社会の深化と情報技術の革命は、種々の境界を無くし、人々の生活やコミュニケーションの様式を根底から変容させてきた。ライフスタイルは多様化し、一面では個人の生き方をそれぞれが選びとる時代が始まっている。同時に、新たな格差が生まれ、様々な次元での亀裂や分断が深まっている。社会や歴史に対する意識が揺らぎ、普遍的な理念に対する根本的な懐疑や、現実を変えることへの無力感がひそかに根を張りつつある。そして生きることに誰もが困難を覚える時代が到来している。

しかし、日常生活のそれぞれの場で、自由と民主主義を獲得し実践することを通じて、私たち自身がそうした閉塞を乗り超え、希望の時代の幕開けを告げてゆくことは不可能ではあるまい。そのために、いま求められていること——それは、個と個の間で開かれた対話を積み重ねながら、人間らしく生きることの条件について一人ひとりが粘り強く思考することではないか。その営みの糧となるものが、教養に外ならないと私たちは考える。歴史とは何か、よく生きるとはいかなることか、世界そして人間はどこへ向かうべきなのか——こうした根源的な問いとの格闘が、文化と知の厚みを作り出し、個人と社会を支える基盤としての教養となった。まさにそのような教養への道案内こそ、岩波新書が創刊以来、追求してきたことである。

岩波新書は、日中戦争下の一九三八年一一月に赤版として創刊された。創刊の辞は、道義の精神に則らない日本の行動を憂慮し、批判的精神と良心的行動の欠如を戒めつつ、現代人の現代的教養を刊行の目的とする、と謳っている。以後、青版、黄版、新赤版と装いを改めながら、合計二五〇〇点余りを世に問うてきた。そして、いままた新赤版が一〇〇〇点を迎えたのを機に、人間の理性と良心への信頼を再確認し、それに裏打ちされた文化を培っていく決意を込めて、新しい装丁のもとに再出発したいと思う。一冊一冊から吹き出す新風が一人でも多くの読者の許に届くこと、そして希望ある時代への想像力を豊かにかき立てることを切に願う。

（二〇〇六年四月）